ニセコ化するニッポン

谷頭和希

KADOKAWA

はじめに

ニッポンであってニッポンではない場所「ニセコ」

「外国だなっていう印象ですね。日本じゃないなと思います」

北海道・ニセコでタクシー運転手として働く男性は、こうつぶやく。2024年に放映された、あるテレビ番組でのことだ。

ニセコ。北海道の蘭越町《らんこしちょう》、ニセコ町、倶知安町《くっちゃんちょう》にまたがるこのスキーリゾートは、ここ数年、冬になるとその名前を聞かない日はないほどだ。その理由は、ニセコが「日本であって日本ではない」ような場所だから。地元のタクシー運転手がつぶやく通りなのだ。

すでに多くのニュースが報じているように、ニセコには、大量の外国人観光客が押し寄せている。ニセコリゾート観光協会によれば、2023年の外国人観光客の数は16万人ほど。前年度よりも約150%アップしている。ちなみに、ニセコ観光圏に属する3町の人口合計は2万人程度だというから、地元住民の数倍の観光客がこの地に押し寄せていることになる。

しかし、ただ、外国旅行客の数が多いわけではない。ニュースは、こう報じる。

牛丼2000円、1泊170万円のホテル、ルイ・ヴィトンのゴンドラ…北海道ニセコでバブル現象　外国人観光客「高くないよ」（TBSテレビ、2024年1月23日）

このニュースでは、タイトルで紹介されている商品以外にも、一杯2200円のビーフカレーが外国人観光客に人気であること、さらにホテル一泊の値段が15万であることなども紹介されている。日本人からすると「ちょっと高すぎる……」と怖気付《おじけづ》いてしまう価格設定である。

これらの「モノが高すぎる」問題は常にニセコ関連のニュースで話題になる。「あるあるネタ」と言ってもいい。こうした背景には、近年、急激に進む「円安」の影響もあるだろうが、それにしても、インフレは目を見張るほどだ。

これ以外にも、ニセコはニュースの話題に事欠かない。例えば、先ほどのニュースでは、ニセコ地区で見られる看板のほとんどが「英語」であることにも触れている。そこで働いている若い男性にインタビューすると「使う言葉は、10割英語です」なんて発言も。ニセコの公用語は英語なのだ。

大量の外国人に、英語だらけの看板、そして、高額な価格設定……。

ニセコは「日本であって日本ではない」のである。

「ニセコ化」するニッポン

こうやって書くと、「ふーん、ニセコってすごいんだなあ、でも、自分には関係ないな」と思う人がいるだろう。特に日本国内に住んでいて、メディアを通してニセコの情報を知る程度の人であれば、そう思うに違いない。先に紹介したニュースのコメントにも「日本人には関係ない、勝手にやってください、って感じ」「もう外国人のものじゃん」なんてコメントも多い。ちなみに私も、どちらかといえばその一人。別にニセコを「自分ごと」として捉えているわけでもないし、そこにお世話になるつもりも、これから住もうなんて気もない。

でも、こう言ったら、どうだろう？

「ニッポンはいま、『ニセコ化』している」と。

実は、私の考えによれば、いま、ニッポンは、あらゆる局面で「ニセコ化」している。観光地はもちろん、私たちが暮らしている「街」、そして、その街にある商業施設や公共施設など、ありとあらゆる場所で「ニセコ化」が進んでいるのだ。

「ニセコ」という言葉だけでは、どこか自分たちから遠い、関係のない場所の話だと思うかもしれない。しかし、ニセコで起こっている現象を少し俯瞰《ふかん》して見てみると、そのメカニズムは、日本全体で起こっていることでもある。この本で登場するのは、例えば以下のような場所だ。

ニセコ、東急歌舞伎町タワー、豊洲 千客万来、東京ディズニーリゾート、ユニバーサル・スタジオ・ジャパン、渋谷、新大久保、スターバックスコーヒー、びっくりドンキー、ドン・キホーテ、丸亀製麺、ヴィレッジヴァンガード、イトーヨーカドー、TSUTAYA図書館、MIYASHITA PARK、あなたの部屋……。

一見すると、まったく共通点を持たないように思える場所だが、それらはすべて「ニセコ化」というキーワードでつながっている。

少し飛躍するが、ニセコで起きていることは、日本の縮図である、と私は考えている。

「ただの金持ち観光地でしょ……」と言うのはたやすいが、鼻で笑っているだけではすまない論点が、そこには潜んでいると思うのだ。

実は、あなたの周りにも、「ニセコ」はある……。

この本では、そんな「ニセコ化」するニッポンの「いま」を切り取り、そこでいったいどんなことが起こっているのかを紹介していく。

第1章ではまず、この「ニセコ化」がどのような現象で、それがどのように「ニセコ」で表れているのか、いま、日本人の注目の的になっている「ニセコ」の状況をレポートしながら見ていきたい。

第2章

「ニセコ化」する都市
「ニッポン・テーマパーク」から渋谷まで

第3章

成功の鍵は「ニセコ化」にあった

スタバ、びっくりドンキー、丸亀製麺

第4章

なぜ今、「ニセコ化」が生まれたのか

ディズニーとマーケティングが手を結ぶ

第5章

「ニセコ化」の波に乗れない企業とは

ヨーカドー、ヴィレヴァンがマズい理由

第6章

「ニセコ化」の裏ですすむ「静かな排除」

居心地の悪さを感じる人たち

終章

誰も「ニセコ化」からは逃れられない
「推し活」と「キャラ化」で失われたもの

第1章

「ニセコ化」とはなにか

それはニセコだけで
起こっているものではない

ニセコで起こる現象、「選択と集中によるテーマパーク化」

まずは、この本のテーマである「ニセコ化」について簡潔に説明する。

「ニセコ化」とはなにか。

それは「『選択と集中』によってその場所が『テーマパーク』のようになっていく」現象である。

この文章は、二つのパーツに分解できる。**つまり、①「選択と集中」によって、②その場所が「テーマパーク」のようになることだ。**この二つについて、それぞれ「ニセコ」を例にとって考えてみたい。

まずは、①から。

そもそも、メディアは「ニセコすごい」と連呼しているけれど、どうしてニセコはここまでの「スキーリゾート」になったのか。自然に恵まれた日本には、数多くのスキー場がある。その中で、なぜニセコだけが、という疑問が生まれる。

マリブジャパン代表の高橋克英が『なぜニセコだけが世界リゾートになったのか　「地方創生」「観光立国」の無残な結末』で、この点について書いている。タイトルからして、私たちの疑問に答えてくれそうだ。

さっそく、その答えの核心を抜き出してみる。

日本全国の観光地がインバウンドに平伏し、一般向けの「ゆるキャラ」やB級グルメを売り出すことから富裕層の嗜好に合わせた対応まで幕の内弁当的な全方位政策をとるなか、ニセコにおける外資の投資は、パウダースノーという絶対的なキラーコンテンツを最大限に生かし、「海外」「富裕層」「スキー」に絞った「選択と集中」を実践してきた。

(p.73-74)

さっそく登場したのが「選択と集中」だ。

同書の内容を噛《か》み砕いて、補足しておく。もともと、ニセコ地区には、西武グループや東急グループなどの日本の代表的なデベロッパーがスキー場を持ち、経営していた。その点、一般的な日本のスキーリゾートと変わらない場所だった。しかし、スキーブームの終《しゅう》焉《えん》による経営不振や景気低迷による煽《あお》りを受け、これらの施設は撤退してしまう。そこに目を付けたのが、海外資本のホテルだった。2000年代半ばぐらいから、オーストラリアやアメリカ資本のホテルが、徐々にニセコに建ち始めたのである。

そこから外資の積極的な政策によって、外国人観光客を呼び込むことに成功し、さらに外資系ホテルが建設され、外国人観光客が訪れ、また新しい外資系ホテルが……という良いサイクルが生まれた。2020年のコロナ禍を経ても、外国人観光客は増え続け、「ホテル1泊15万円」なんて数字が飛び出す現在のニセコの活況につながっていく。

しかし、ただ外国資本のホテルが増えるだけでは、その魅力は上がらない。そのとき、外資のホテルが意識的に行ったのが、高橋が言うところの「選択と集中」なのである。

価格設定によって、ターゲットが「選択」される

「選択」とは言葉の通り、その場所にやって来る人々を「選ぶ」こと。マーケティング的

に言えば「ターゲティング」と言いかえることもできる。

ニセコの場合、ターゲットは明確に、「富裕層の外国人観光客」である。

ニセコにあるホテルの名前を見てみると、ヒルトン、パークハイアット、リッツ・カールトン（まだ誕生していないけれど、高級ホテルの真打ともいえる「アマン」も建設予定だ）……など、どこかで名前を聞いたことのあるような高級ホテルがずらりと並ぶ。いずれも、外国人富裕層に好まれるラグジュアリーホテルで、こうしたホテルがそろうことで、ターゲットが富裕層であることは一目瞭然。

この話と連動するのが、先ほども触れた「価格設定」の話だ。

ニセコ観光圏の物価もまた、そこに来る人（あるいは来ることができる人）を「選択」している。なにせホテル一泊5万円は安い方で、10万円以上はザラ、果ては1週間で3500万円のコンドミニアムなど、もはや一般庶民からすれば頭の上に「?」が浮かんでくるほどの価格設定になっている。そうなると、そもそも、こうした価格設定に耐えうる人、あるいはそれらの値段を「普通」と思う人しかそこに行こうと思わない。だから、こうした物価は、ここにやって来る人を静かに「選択」している。この本でもこれからあちこちで触れるが、「選択と集中」の方法において「価格設定」はよく使われる。

外国人富裕層客向けにサービスを「集中」させる

そして「集中」である。

ニセコでは、このように「選択」されてやって来た富裕層が満足できるように、彼らに深く刺さるサービスを「集中」的に行うのだ。例えば、ニセコを訪れれば、その至るところに英語などの外国語の看板が立っていることに気付くだろう。これだって外国人向けの戦略の一つだ。あるいは、ニセコにある「セイコーマート」（北海道ローカルのコンビニチェーン）では、1万3000円を超える高級シャンパンが売っている。また、食べ物を売っている屋台では、とりわけ欧米系で増えているヴィーガン向けの食べ物の取り扱いもある。とにかく外国人富裕層にとって居心地の良い、そして便利な場所にするための空間作りが行われているのだ。また、ホテルで働く従業員の多くも外国人が雇用されており、そこで働く人も、外国人になじみやすいようになっている。

ニセコの風景は「日本であって日本ではない」ものだが、「外国人富裕層」に特化している空間だから、そう感じられるのは当然のことなのだ。

「外国人富裕層」に対する「集中」について、『なぜニセコだけが世界リゾートになったのか』の中で興味深いことが指摘されている。

海外富裕層は、多くのものをすでに手に入れており、モノよりも時間により価値を置く場合も多い。観光や旅行においても、何もしない贅沢《ぜいたく》、何もしない時間を求めている場合が多いという。そもそも滞在するホテルからあちこち出歩いたりはしない。[…] パークハイアットニセコHANAZONOなどがその典型であるが、そもそもここに滞在すると、わざわざ食事は外で、アクティビティは別の場所で、とはならなくなる。ホテル施設やサービスも当然、そうした戦略のもと設計されている。

(p.118-119)

富裕層は「何もしない贅沢」を楽しむ……らしい。こうした富裕層の心理を突いた観光地全体の設計こそ、典型的な「集中」の表れだと高橋は指摘する。たしかに、私もニセコを訪れたとき、高級ホテルが点在していて、それぞれが独立していると感じた。

以上のように、ニセコを見ていくと、そこでは「選択と集中」がとても巧妙に行われていることがわかるのだ。

最初に「ジャパウ」があったことを忘れてはいけない

ちなみに、こうした「選択と集中」が起こる大前提として、ニセコの売りの一つである「パウダースノー」があることは見落とせない。**「選択と集中」をされている外国人富裕層たちがこの地に押しかけるのは、このスキーリゾートの雪質に魅了されてのこと。**「ジャパウ（ジャパンのパウダースノーを表す言葉）」とも呼ばれる雪質の素晴らしさが、ニセコにはあった。つまり、こうした偶然の地の利があった上で、それを見きわめ、それに基づいて来る人を「選択」し、「集中」させたサービスを提供する。こうしたプロセスで、ニセコは世界的なスキーリゾートへと大化けしたのだ。

高級コンドミニアムがずらりと並ぶ

ディズニーリゾートのようにテーマパーク化する場所

さて、ニセコでどのような「選択と集中」が行われているのかを見てきた。その結果としてニセコはどのような姿になるのか。「テーマパーク」のようになっていくのだ。

これが本書で述べる「ニセコ化」の定義の重要な部分になる。

ニセコの街を見ていると、「まるで日本ではない場所みたい」と思えてくる。先ほど発言を引用したタクシー運転手もそのように述べていて、この感覚は多くの人が持つものだと思う。外国語だらけの看板に外国資本のホテル、働いている人は外国人ばかり。誰もそこを「日本」だとは思わないだろう。東京ディズニーリゾートに入った私たちが、そこを日本だと思わないのと同じだ。しかも、周りの客は外国人ばかりだから、ディズニーリゾートよりも日本らしくないかもしれない。**日常とは切り離された「別世界」が作られている場所を「テーマパーク」とするなら、北海道にありながら、日本ではない「どこか」を作るニセコは、まさにテーマパークの風景だ。**ちなみに『観光学辞典』によれば、テーマパークとは「特定のテーマによる非日常的な空間の創造を目的として、施設・運営がそのテーマに基づいて統一的かつ排他的に行われているアミューズメント・パーク」のことだという。少し難しい説明だが、ある一つの「世界観」を設定し、それに基づいて「統一的」に、つまり、その世界観に合うものを「集中」させる。**さらに「排他的」に、つまり、その世界観に合わないものを排除し、合うものを「選択」する。**まさに「選択と集中」こそがテーマパークを作るというのだ。例えば、東京ディズニーリゾートを思い浮かべてほしい。そのテーマはディズニーランドが「夢と魔法の王国」、ディズニーシーが「冒険とイマジネーションの海」である。ディズニーリゾートの中では、その世界観に合うものが

「選択」され、「集中」的に配置される。そのイメージを壊すものは置かれないのだ。

ニセコも「外国人富裕層」に合う世界観を作り上げるために、そこで売られるものや施設などが「選択と集中」されているのは見てきた通り。その意味で、まさにニセコとは、テーマパークのような場所なのだ。

「ニセコ化」の特殊性はどこにあるか

一方、私が主張したいのは、「ニセコ化」とは純粋な「テーマパーク化」ではない、ということ。少し抽象的な話で恐縮だが、社会学者のアラン・ブライマンは、「テーマパーク化」を次のように説明している。

対象となる施設や物体をそれとはほとんど無縁のナラティブ（筆者注：物語）で表現すること

（『ディズニー化する社会』）

要するに、そこで表現される世界観は、それがある場所とはまったく関係のないものだとされているのだ。確かにディズニーリゾートが押し出すテーマは、それがある浦安とは関係がない。**別に浦安には「夢と魔法」が詰まっているわけではないからだ。**その土地の文脈を無視して、ひたすら新しい場所を作っているようにも見える。こうした観点からテーマパーク化は、社会学などの分野では批判されるべきものとして捉えられてきた。でも、ニセコにおける「テーマパーク化」を見ていくと、その世界観における売りの一つとなっているのは「パウダースノー」であり、それはニセコという大地に深く根差したものである。つまり、従来のテーマパーク化は、その土地と全く関係ない世界が作られることだったのが、ニセコの場合は、その土地の強み自体にフォーカスして「選択」と「集中」を行っている。この点で、通常の「テーマパーク化」とは異なる展開を遂げているのが「ニセコ化」なのである。少しわかりづらいかもしれない。けれど、こうした「ニセコ化」の特徴やそれが生まれた背景については、第4章でも詳しく取り上げていくから、ここではざっくりとした理解で大丈夫だ。

観光地に求められるものが変わった

今後の安定が保証されているわけではないが、ニセコは今のところ、観光地としては大きな成功を収めている。それは、「ニセコ化」が時代の流れと合致する部分が大きいからだろうと思われる。**その流れとは、①観光における「量から質への転換」と②「テーマパーク的開発の一般化」だ。**

まずは、①。特にコロナ禍以後、観光における考え方が「量から質へ」と変わってきている。コロナ禍以前は、大量の人数を相手にして、それをさばいていくことが観光地に求められていた。しかし、コロナ禍によって人の流れが抑制された結果、人混みを避け、小人数でより深い体験をすることに重きが置かれるようになっている。コロナ禍が実質的に収束していると思われる現在でも、この流れは止まることがない。2023年3月31日に閣議決定された、新たな「観光立国推進基本計画」では、観光における「量から質」という流れが明示されている。**それまでの観光の目安が「観光客の人数」だったことに対し、**

今後は「消費額」を重視していこうとする内容が盛り込まれているのだ。観光地に人を多く入れるのではなく、少人数であっても、その地域に対して「深く」消費をさせることが、今後の観光の目指す形だというわけだ。

そう考えると、観光地における「ニセコ化」は、こうした流れと相性が良い。その場所に「選択と集中」された人々が、徹底的にそこでお金を使っていくからである。ニセコにとっては、少しの消費をする日本人がたくさん来るよりも、消費額の多い外国人富裕層を少数相手にする方が望ましいだろう。

また、②「テーマパーク的開発の一般化」も大きな要因になりそうだ。日本でのテーマパークのはじまりは、1983年に誕生した東京ディズニーランドであるが、それ以後、テーマパークは増え続け、近年では多くの観光地で「〜のテーマパーク」といった表現が使われるようになってきた。ある文脈に基づいて、空間そのものを演出していくやり方に慣れてきたのだ。**人々も、テーマパーク的な場所に慣れてきて、こうした異世界的な要素を求めるようになってきている。**

こうした流れにも大きな影響を受け、ニセコは観光地として大きな成功を収めている。

であれば、ニセコ以外の観光地でも、このような状況が起こり始めていてもおかしくはない。

そして実際、日本全国のさまざまな観光地や街で「ニセコ化」は進行している。第2章で見ていくように、日本のさまざまな場所で、「ニセコ化」と似た手法の開発が進んでいるのだ。

日常生活を覆い尽くす「ニセコ化」

一方で、こうした流れは、観光という限られた文脈の話だと思う人もいるかもしれない。しかし、決してそうではない。私たちの暮らしにおける消費活動の中にも、「ニセコ化」は姿を現す。第3章・第5章で詳しく扱うが、身近な商業施設でもこうした「選択と集中」によるテーマパーク化」が大きな影響を与えている。

唐突だが、近年、ファミリーレストランの数が微減傾向にある。多くのファミレスの業績が、少しずつではあるが下がっている。

この理由にはさまざまなものがあると思うが、その理由の一つとして私は、ファミレスには「どんな種類の料理でもある」がゆえに、それぞれのニーズを深く満たせていないのではないか、と考えている。先ほど、『なぜニセコだけが世界リゾートになったのか』を引用した際に、筆者がニセコと日本の他の観光地を比べている部分を取り上げた。ニセコが「選択と集中」を進めるのに対して、日本の観光地は、すべての層にリーチしようとする「全方位型」のいわゆる「幕の内弁当」型の戦略を取っている。この、「幕の内弁当」型戦略の最たる例が、ファミレスなのかもしれない。

一方、こうしたチェーン系のレストランでも人気を維持し続けているのが、ハンバーグチェーンの「びっくりドンキー」である。びっくりドンキーは、基本的にハンバーグ一品に特化したレストランである。第3章でも取り上げるが、その戦略を見ていくと、この「ハンバーグ」をおいしく食べてもらうことに特化し続けているのがわかる。また、その戦略の結果として、まるでテーマパークのような店内も生まれている。この点でも、びっくりドンキーはチェーンレストランとして「選択と集中」をうまく行い、業績を上げているといえるのだ。こうした点については、第3章及び第5章で詳しく見ていく。

「静かな排除」をどう考えるか

このように、私の見立てでは、ニセコが顕著に行う「選択と集中によるテーマパーク化」は、日本全体で起こり始めている現象だ。一方、こうした現象に対しては、批判的な意見も多い。

実際、ニュースを見てみても、「日本人は相手にされていない」などといった論調で、日本の国力の衰退を嘆く声も多い。ここまで「ニセコ」の話題が関心を集めるのも、どちらかといえば、マイナスの意味での注目が集まりがちだからだろう。

こうした点について、高橋はさきの著書でこう言う。

ニセコは富裕層以外には敷居が高い観光地になってしまったかもしれない。しかし、それでいい。すべての顧客層が満足するスキーリゾートとなるキャパシティーは、ニセコにはないのだ。[…]誰でも行けるニセコにするのか、特別な日に行くニセコにするのか。前者になれば富裕層は逃げ、次のニセコをみつけようとするだろう。
(p.119)

高橋はニセコが「選択と集中」を行うことを否定しない。もちろん、私自身も、ニセコのこうしたスタンスに反対はしないが、一方で、「選択と集中」には、確かに批判を呼ぶだけの問題点があることも認識しておかねばならない。

それは、ある客層の「選択」とは、同時に他の客層の「排除」を意味する、ということだ。少し強い言葉だが、実際にそういうことが起こっている。

まことしやかに語られる噂《うわさ》のようなものに、「ニセコには日本人お断りの店がある」なんてものがあった。実際には、明確にそのような方針を打ち出している店は聞いたことがないのだが、これが噂として広まること自体、「ニセコって日本人を排除しているんじゃや……」という思いが、ある種のリアリティを持って受け止められていることを表している。

ニセコにおける「選択と集中」が進めば進むほど、そこから排除される人々が出てくる。

しかもその排除は、明確に「この人々しか来てはいけません」なんて分かりやすい形を取

らない。来てほしくない客層に見合わない値段を付けたり、そうした客層とはそぐわない空間を作ることによって、「自然に」そこにあるタイプの人々が集まるようにする。**「静かな排除」が進んでいるのだ。**

行政としては、「多様性のあるニセコ」を目指して、外国人富裕層だけでない多様な人々が来られるようなエリアを目指しているという。しかし、実際、そこにいる多くは外国人観光客であって、一般の日本人は行きにくい雰囲気が否応なしに漂っている。ルポライターの安田峰俊は真冬のニセコを訪れ現地の様子をレポートしているが「普通の日本人が楽しむには過酷すぎる」と書く。金銭的な負担が大きすぎるのだ。お金を切り詰めようとすると、風呂トイレ共同の宿に宿泊せざるを得ないこともあり、それも込みでの「過酷さ」なのだ。こうした状況から見ても、ニセコによる「静かな排除」は成功している。

厳然たる事実として「選択と集中によるテーマパーク化」の陰には、「排除」があるわけだ。

そして、このような「選択と集中」が日本中に広がっているのだとすれば、そこではいちいち「静かな排除」が起こっていることになる。このような現状を、私たちはどのように捉えればいいのだろうか。その辺りについては、第6章で取り上げよう。

さて、ニセコの話から、この本全体の見取り図を提起してみた。この章をまとめると、このようになる。

・ニセコが成功した秘訣《ひけつ》の一つは「選択と集中によるテーマパーク化＝ニセコ化」にある
・「ニセコ化」は日本中に広がっている手法である
・「ニセコ化」に成功すると、その場所は賑《にぎ》わう傾向にある
・一方で、「ニセコ化」の陰では「静かな排除」が起きている

というわけで、次の章からは実際に日本のさまざまな場所を見ながら、この「選択と集中によるテーマパーク化」の実像を見ていきたい。

第２章

「ニセコ化」する都市

「ニッポン・テーマパーク」から渋谷まで

パウダースノーという強みに魅了される「富裕層」「インバウンド観光客」を選択し、彼らを徹底的に満足させる空間作りに集中すること。それが、ニセコを日本であって日本ではない「テーマパーク」的な空間にしている。この「ニセコ化」は、日本のありとあらゆる場所に広がっている。第2章では、ニセコ以外の日本の観光地や、都市における「ニセコ化」の姿を見ていきたい。

最近急増する「ニッポン・テーマパーク」

まず最初に、ここ数年新しくできた観光地において「テーマパーク」的な施設が増えていることに目を向けたい。

例えば、2024年2月に豊洲市場の横に誕生した「豊洲 千客万来」。ここは、大手・温泉施設グループとして知られる「万葉倶楽部」が施設管理者で、建物は飲食店街である「豊洲場外 江戸前市場」と、温泉施設「東京豊洲万葉倶楽部」から成り立っている。

施設全体としては江戸時代の街並みが再現されていて、中には大きな「時の鐘」もある。

「豊洲　千客万来」の時の鐘

さながら江戸時代をテーマにしたテーマパークのようで、「日本の食を通じて世界に日本文化をアピールする」という理念のもと、訪日観光客向けの施設でもあることが前面に押し出されている。ちなみにこの施設、開業前のニュースでも「食と湯のテーマパーク」と報じられていて、まさにテーマパーク的な施設としてオープンしたわけだ。

日本にあって日本ではないような場所がニセコだとすれば、「日本にあってあまりにも日本的すぎる場所」が「豊洲　千客万来」なのである。いうなれば「ニッポン・テーマパーク」とでもいうべき施設だ。

「ニッポン・テーマパーク」は各地に増え

ている。例えば、新宿に2023年に誕生した「東急歌舞伎町タワー」も同様。ここは上層階が国内最大級のホテル、下層階はエンタメ施設から成る複合タワーとなっている。上層階は「BELLUSTAR TOKYO, A Pan Pacific Hotel」と「HOTEL GROOVE SHINJUKU, A PARKROYAL Hotel」というタイプの違う二つのホテルが入っていて、後者には、海外でも人気の高いエヴァンゲリオンのデザインを取り入れたフロアもある。

また、下層階には「祭り」をテーマに、日本全国・韓国の料理を提供する飲食店街の「新宿カブキhall～歌舞伎横丁」がある。ここでは、定期的によさこいなどの日本の「祭り」に関わるパフォーマンスが行われている。また、国内最大級のナイトエンターテイメント施設の「ZEROTOKYO」もあり、インバウンド向けにレトロフューチャーな「ニッポン」を押し出す施設が盛りだくさんなのだ。

このビルの開発を担当した東急株式会社によれば、「歌舞伎町では特にインバウンド需要を狙い、海外の方に選ばれる場所になりたい」という（鴨井里枝「〝国内最大級〟のホテル×エンタメ施設『東急歌舞伎町タワー』誕生　インバウンド客の〝夜遊び〟需要に焦点」）。インバウンドに向けて、歌舞伎町という日本らしい夜の街で、より純粋な「ニッポン」を体感させる狙いがあるのだろう。オープン前からインバウンド向けの予約も人気で、海外客を対象にした施設の作り方が実を結んだといえる。

「ニッポン・テーマパーク」そのものは新しくないけれど

もちろん、「ニッポン」を押し出した「ニッポン・テーマパーク」的な観光地がこれまで存在しなかったわけではない。むしろ、わかりやすく「ニッポン」を体感させることができるから、外国人観光客向けの観光地の作り方として定番パターンでさえある。

例えば、2021年に閉館してしまったが、お台場にあった大江戸温泉物語などはその代表例だ。館内には、江戸時代の街並みが再現されており、真ん中には時の鐘もある（先述の通り、千客万来にも時の鐘があって、江戸時代を再現する時の定番パターンは時の鐘なのかもしれない）。ここはまさにテーマパーク的な作りで、「ニッポン」を演出していた。お台場自体、インバウンド観光客に人気の場所だが、この施設にも多くの外国人旅行客がいた。

こうした観光地の延長線上にあると捉えれば、最近誕生した「豊洲 千客万来」や「東急歌舞伎町タワー」のような観光地も、とりたてて新しいものではないのかもしれない。

しかし、そこには決定的に違うポイントがある。

注目されるニッポン・テーマパークの「高額っぷり」

最近のインバウンド向け「ニッポン・テーマパーク」がそれまでと異なるのは、そこで売られている商品やサービスの値段の「高額っぷり」が必ずセットで報じられることだ。

例えば、「豊洲 千客万来」。この施設については開業当初から、以下のような内容のニュースが飛び交っていた。

「インバウンド丼だ」海鮮丼が1万5000円! 豊洲市場にオープンの新スポット外国人観光客らでにぎわう

(FNNプライムオンライン、2024年2月1日)

「インバウン丼」とは、「インバウンド」と「どんぶり（丼）」をかけあわせた言葉で、外国人観光客に向けている非常に高額な海鮮丼などを総称してこう呼ぶ。千客万来がオープンしたぐらいから、ネットを中心としたミーム的な言葉として広がりはじめ、最近では一般名詞として定着してきた感じもある。確かに、場内には1万8000円のうに丼もあるという。

豊洲市場に隣接し、新鮮な海鮮が食べられるのが千客万来の「強み」である。その「強み」をもっとも享受したいのはインバウンド観光客だということになる。彼らに向けて選択された値段設定、そして彼らが楽しめるような空間作りに集中した結果が、千客万来なのかもしれない。まさに「ニセコ化」がわかりやすく発生しているのだ。

また、「東急歌舞伎町タワー」でも同様の現象が起こっている。特に、高層階にあるホテルは、宿泊料金が一室300万円を超える部屋もあるぐらいで、こちらも話題になった。加えて、このビルが誕生して1年ほどたったあと、現地を訪れたルポによれば「ビル内の居酒屋のメニューは、特段高いというわけではないが、新宿の大衆居酒屋の料金より、少しばかり高く感じてしまう。近くの居酒屋と比べると1割から2割ほど値段が高く、ちょ

大阪・黒門市場

っとした居酒屋感覚で利用すると、料金はかさむ。そのうえ、チャージ料金も発生しているため、歌舞伎町の居酒屋としては比較的高めの値段になっている」とある（白紙緑「【特別ルポ】ついに撤退した店舗も…オープン当初は大賑わいだった『東急歌舞伎町タワー』の悲惨な現状」）。**施設全体の商品・サービスの料金が少し高いわけである。**

こうした流れは東京だけで起こっているわけではない。

例えば、大阪の日本橋《にっぽんばし》にある商店街「黒門市場」も同様の事態となっている。ここは、大阪に格安航空が就航した2011年以降に外国人観光客が増え、今ではそこにいる多くの客が外国人観光客だという。そして、そこで売られているウニやカニなどは、一般的な日本の市場の価格からすると目が飛び出るような値段。私も現地を訪れてみたが、中には神戸牛の串焼きが1本4000円、カニの足は4本で3万円と、一般的な感覚からすると信じられないような値段の商品も売っていた。こうした店の多くは、コロナ禍で閉店した後に作られ、商店街の振興組合に入っていないお店で、明確に外国人観光客だけをターゲットにしているという。

こうして見ていくと、近年のインバウンド向け国内観光地では、ニセコ的な高価格の設定がかなり意識的に行われていることがわかる。その結果、客層の「選択」が発生しているのだ。

「多様性」は謳われるだけ？

こうした商品の値段が国際的な相場からみて高すぎるのかどうかは、難しいところだ。

特に「豊洲　千客万来」の場合、様々な品目において物価高が進行している現在では、こうした商品の値段が高騰するのは当然のこと。産経新聞（2024年3月10日掲載）によれば、施設の担当者は「できるだけ良い素材を使って良い商品を提供するのが店側の考えで、不当に高額な価格設定にはしていない」と述べている。加えて、千客万来には高価な商品だけが集まっているわけではない。比較的安い値段の商品が集まった店もあれば、食べ歩きをするための屋台もあって、選択肢は幅広い。価格選択の多様性は担保されている（その点で「選択と集中」をしきれていない問題もある）。

また、東急歌舞伎町タワーが「さまざまな『好き』の想いとともに街の未来や文化、延いてはさらなる多様性を紡いでいくこと（MASH UP）を目指します」と、「多様性」を謳《うた》う施設作りを行っている。

あるいは、黒門市場などでも、いわゆる「インバウンド向け」に高額の商品がある店はいくつかの店舗に限られており、地元民向けの店も多く存在している。つまり、事業者側は、必ずしもインバウンドだけに向けた施設ではないとしているのだ。

とはいえ、ニセコ報道の影響もあって、「豊洲　千客万来」を一躍有名にしたのは、この「インバウンド丼」という言葉だったし、東急歌舞伎町タワーの評判を見ても、「外国人しか相手にしていない」なんて言葉が並んでいる。また、黒門市場の評判も散々だ。施設の実態を離れて、「ニセコ」的な受け止め方がされているわけだ。**思惑とは裏腹にこうした評判が立ってしまったのは、かつてより、外国人観光客向けの「囲い込み」が露骨に感じられるようになってきたからだろう。**施設側は認めたくないかもしれないが、「選択と集中」、そしてそれによる「静かな排除」を、日本人がうっすらと感じていることの表れなのである。

「渋谷」もニセコ化している

国内観光地が、多かれ少なかれ「ニセコ化」していることを見てきた。こうした変貌を街レベルで遂げつつあるのが渋谷である。スクランブル交差点の風景はあまりにも有名で、訪日観光客からも絶大な人気を誇る街である。

ちなみに、2023年度、渋谷はインバウンド観光客の訪問率が1位となった。なんと外国人観光客全体の67・1%が渋谷を訪れているというのだから驚きだ。このように外国人観光客から絶大な人気を誇っている渋谷だが、この街もまさに「ニセコ化」しつつある。

これまで渋谷は「若者の街」というイメージで語られてきた。センター街（現・バスケットボールストリート）を中心として若者向けの店が立ち並び、少しガヤガヤとした街並みが広がっていた。2021年にメトロアドエージェンシーが行った東京に関するイメージ調査では、「渋谷」について、回答者の「78％」が「若者向けの」という回答をしたことがわかっている。

しかしそんな渋谷では現在、100年に一度ともいわれる大規模な再開発が進行中だ。再開発の中心にいるのは東急グループで、渋谷駅周辺に「スクランブルスクエア」や「ヒカリエ」「フクラス」など、多くの新しい商業ビルを建てている。渋谷を訪れたことがある人ならばわかるかもしれないが、この街はいつも工事をしていて、いつ来ても街並みが変化している。

そんな渋谷はどう変わろうとしているのか。日経クロステックが編集した『東京大改造』は、2030年に東京がどのように変わるのかを取材しており、ここでも渋谷は大きく取り上げられている。この本を紹介した日経クロステックのサイトではこのように説明されている。

高級ホテルが少ない東京・渋谷に変化の兆しが見えている。2024年以降、渋谷を地盤とする東急グループと新たに進出するライバル企業のホテル対決が渋谷駅周辺で本格化する。

再開発が目白押しの渋谷では、大型複合施設の目玉として高級ホテルを誘致する動きが活発である。東京を訪れるインバウンド（訪日外国人）が行きたい場所として名前が挙がる渋谷は遊ぶだけでなく、「泊まる街」に生まれ変わりそうだ。

（川又英紀「渋谷が高級ホテル急増で『泊まる街』に、東急陣営とインディゴやトランクが激突」）

それまで「泊まる」イメージのなかったところに高級ホテルを建設し、インバウンド観光客を取り入れるのが、現在の渋谷の姿なのである。

また、これだけではなく、例えば、2019年にリニューアルオープンした渋谷PARCOの中には、「ニンテンドーショップ」や「ポケモンセンター」といった海外でも大人気の日本のコンテンツを押し出すテナントが多く入居している。渋谷PARCOの店長によ

渋谷スクランブル交差点前

れば、こうしたショップの人気はすさまじく、多くの人が、これらの場所に立ち寄るのだという（横山泰明「絶好調の渋谷パルコ、23年度の売上高は前年比1・5倍　直近4月も44・2%増　平松店長が語る『インバウンドと改装』」）。

　また、こうした流れに呼応するようにして、渋谷区自体もインバウンド観光客の取り入れに積極的で、渋谷周辺のインバウンド向け観光地の周遊パスの実験などを進めている。これも捉え方によっては、きわめてニセコに似た展開をたどっている。もともと、渋谷は、「スクランブル交差点」「ハチ公」「日本のトレンドの集積地」といった、外国人観光客を惹《ひ》きつける要素を持っていた（ニセコでいえば、「パウダースノー」である）。そして、そこにやって来た外国人観光客を満足させるようなまちづくりが進められていく。渋谷の場合は、まだ発展の途上にあるが、高級ホテルなどが多く建ち始めた先には、きわめてニセコ的な展開をたどる可能性の高い街だといえるだろう。

ちなみに、今でもたまに渋谷の街を歩くと、そこには多くの外国人が集まっていることに驚かされる。**ある意味、外国人からすれば、すでに渋谷は「日本的なるもの」を見ることができる「テーマパーク」なのかもしれない。**

渋谷は「インバウンド」と「クリエイティブワーカー」のための街

渋谷の場合、再開発によって「選択」されているのは、インバウンド観光客だ。しかし同時に、そこで働くクリエイティブワーカーも、この再開発によって選択されている。今回の再開発において、こうした人々に明確に特化したまちづくりも行われている。渋谷は「ビットバレー」なんていう異名もあり、ＩＴ系のベンチャー企業などが集まっていた。そうした需要を支えるために、今回の一連の再開発が行われている側面もある。
実際、２０１８年に誕生した「渋谷ストリーム」にはGoogleの日本本社がテナントとして入っており、この背景には東急側の「渋谷をクリエイティブワーカーの聖地へ」という意向が大きく働いている。これだけでなく、近年渋谷に誕生した施設を見ると、その多くが「クリエイティビティ」なる言葉を押し出していることがわかるだろう。

こうした、ホワイト・カラー的な人々とインバウンド観光客が「選択」された再開発が進展している渋谷だが、そこでは奇《く》しくも「ニセコ化」の特徴と同じことが起こっている。

再開発に伴って生まれた建築物はどれも、ブランド・ショップなどが入居し、非常に高級路線の施設が多いのだ。代表例が「ＭＩＹＡＳＨＩＴＡ ＰＡＲＫ」かもしれない（ちなみにここは三井不動産が渋谷区と協力して建設している）。この場所については、第6章でも「ジェントリフィケーション」の問題とあわせて触れるが、そこにはプラダやコーチといった高級ブランドショップがテナントとして入っている。また、それ以外の商業施設でも、全体として「価格の高騰化」がよく見られる。ちなみに、不動産サイトの「ホームズ」では、近年の再開発によって渋谷が「大人が暮らしやすい街」になった、と紹介している（仁科ヒロ「再開発渋谷の進化が止まらない。大人が楽しむ渋谷での暮らし」)。余裕のある大人が使う街になっているわけだ。

この意味でも、渋谷は典型的に「ニセコ化」している街だといえる。**「価格」によって、そこにくる人々を「選択」しているからだ。**

かつて渋谷は若者を「選択」していた

このような再開発の話題を取り上げると、必ず起こる反応が「渋谷は変わってしまった」というもの。確かに再開発が起こっているのだから、そうかもしれない。**しかし、実はこのように渋谷が「選択と集中」を行ってきたのは、昔からなのだ。**むしろ、そのようにしてその姿をダイナミックに変え続けてきたのが、渋谷の特徴だとさえいえる。

かつての渋谷の「選択と集中」は誰に対して行われていたのか。それこそが「若者」だった。渋谷が「若者の街」としてのイメージが強いことは述べてきたが、それは、「若者」に「選択と集中」された渋谷の残影を見ているようなものなのだ。

渋谷は、1970年代以前は、今ほどの賑わいはない街だった。そこにセゾングループのパルコがやってきて開発を進めた。それによって多くの若者が集まり、現在のような活気を生み出したという。パルコは通りの名前を「スペイン坂」などと外国風にして、一帯を「オシャレ」な街として整備した。

当事者であるパルコは、次のように説明している。

街にセグメントされたマーケットだけが集まるということが必要である。[…]価値観の違う者は排除する。みんなの街といった町内会的な概念はかなぐり捨てなければならない。似た者同士を集めることで価値観は増幅され、ちょっと違う価値観を同化する。そしてその街なりの強い価値観をもつに至るのである。

(『アクロス』1984年4月号、p.34)

1980年代に書かれたものなのだが、私が述べている「選択と集中」の話に似ている。「似た者同士を集め」とは「選択」のことで、「価値観は増幅され」とは「集中」のことだろう。しかもそれを行うためには、明確に「価値観の違う者は排除」することが必要だという。パルコはこのような価値観のもと、パルコの「感性」に共感できるようなブランドや店を集め、街を演出していった。

ニセコより、ニセコ的な街、渋谷

パルコの戦略は、商業施設という「点」だけを集めたわけではない。その通りを「スペイン坂」と命名したように、「点」をつなぐ「線」によってもパルコの価値観を演出した。

その「点」と「線」からなる街全体という「面」を、パルコの価値観で埋め尽くそうとしたわけだ。社会学者の北田暁大《きただあきひろ》は、パルコのこうした空間戦略をディズニーランドにたとえている。ある空間一帯を、他の区域とは異なるような場所にするための戦略がディズニーランドに見られる空間の作り方と似ていることを指摘するのだ。ディズニーランド、そう、「テーマパーク」なのである。まさに典型的な「ニセコ化」が渋谷で起こっていたのだ。

こうした流れの中で渋谷には、当時の流行の最先端を行く若者たちが集まり、日本のカルチャーの発信地の一つとなった。スクランブル交差点がここまで有名になったのも、まさにパルコの「選択と集中」の賜物《たまもの》だった。渋谷は、その開発が始まってからずっと、「選択と集中によるテーマパーク化」が行われ続けている街だ。その意味で、きわめてニセコ的でありながらも、ニセコよりも前から、「ニセコ的な街」として存在してきたのだ。

「渋谷はもう若者の街じゃない」は本当か

このように「選択と集中」の対象を変えてきた渋谷には、必然的にこんな言葉が付きまとう。

「渋谷はもう若者の街じゃない」。

手前味噌《てまえみそ》ではあるが、私は、とある媒体にて「渋谷はもう『若者の街』じゃない…イケてた街が『楽しくなくなった』納得の理由」という記事を書き、それが大きな反響を呼んだ。多くの人が、渋谷＝若者の街ではないとイメージしているのだなあ、と思わされた。繰り返すようだが、どうして渋谷＝若い人、というイメージがついたのかといえば、先ほど書いた、パルコによる「選択と集中によるテーマパーク化」の空間戦略が大きかったと思う。パルコは高感度な若者を「選択」し、彼らに刺さるようなショップを「集中」させてそこに作った。その結果、そこには、若者たちが集まってきたのだ。

一方で、現在の渋谷の再開発がターゲットにしているのは、むしろ「最先端の企業に属し、収入も多く、生活にお金をかけるオフィスワーカー達」（鳴海侑《なるみゆう》「本日開業『スクランブルスクエア』は誰が行く？」）。**ターゲットが変わったのである。となれば、当然そこに集まってくる人々も変化する。**ある意味で、渋谷に今、下されている「もう若者の街じゃない」という評価は、渋谷が「選択」する先を変えたときに必然的に起こる成長痛のようなものかもしれない。

では、現在「若者」を「選択」している街はあるのか。

結論からいえば、ある。

新大久保だ。

ここまでは、特に「インバウンド」などをターゲットとして変貌する日本の街について見てきたが、ここからは「日本の若者」をターゲットとして、変貌を遂げつつある「新大久保」について見ていきたい。

新世代・若者の街「新大久保」

「新大久保」は山手線の駅で、新宿駅の一駅隣にある。ここは、近年、若い女性を中心とした人々が大量に押し寄せている。彼女たちの目当ては何か。

それが、「韓国カルチャー」である。新大久保は東京、いや、日本の中でも有数のコリアンタウンなのである。ただし、その様子は、他の地域のコリアンタウンと少しばかり違う。**韓国の人が多く住んでいるというよりむしろ、韓国好きの人のために、その人たちが満足できるように作られた「韓国テーマパーク」ともいえるものだ。**実際、この新大久保の駅前を歩いているとよくわかる。コリアンタウンが広がる新大久保駅の東側で目に入ってくるのは、目まぐるしいほどのハングルや、Ｋ－ｐｏｐアイドルの写真。また、チーズハットグをはじめとする、その時に流行している韓国グルメの店もずらりと軒を連ねる。

一本入った路地を歩けば、まるで韓国に来たかのような風景が広がっているし、そこで

若者で賑わう新大久保

働く店員さんの多くも韓国の若い男性だ。私がある人にインタビューしたとき、新大久保に行く人々は、「まるで韓国のよう」な街並みが楽しくて、そこに行くのだと言っていた。日本にあって韓国のような場所、ニセコ的なテーマパークがそこに現れている。

こんな体験ができるからか、休日の新大久保駅はものすごい人だかりである。この事態には、さすがに都や区も驚きを隠せないらしく、2024年度には、この地域ではじめての交通量調査も行われる予定である。こうした状況は、データにも顕著に表れている。2000年から2021年の山手線の平均乗車人数を見ると、2011年と2018年に急激に増加している。この増加率は、駅としては異例のことで、その要因の一つに、韓流《ハンりゅう》ブームがあると見られている。

新大久保はいかにして「韓流の街」となったのか

新大久保はどのようにして現在の「韓流の街」となったのか。

自身も新大久保に住み、『ルポ新大久保』を上梓した室橋裕和は、もともとこの辺りは、韓国人ホステスが住む街だったと書く。すぐ裏手にある（どちらかといえば新大久保が裏手なのだろうが）新宿歌舞伎町にコリアンクラブができはじめ、そこで働く人々が住み始めたのが新大久保だったのだ。そんな彼女たちのために生まれたのが、小さな韓国料理店。これが新大久保のコリアンタウンの始まりだった。

そんな小さな韓国人街が広く注目されるようになるのが、2002年の日韓ワールドカップのとき。多くのマスコミが新大久保に詰めかけ、レストランで日本人と韓国人がワールドカップを共に見ている映像を報道した。その翌年の2003年、ペ・ヨンジュン主演の『冬のソナタ』が大流行。そんな「ヨン様」ファンが、韓国を求めて新大久保に大挙し、「観光地的コリアンタウン化」が進んだ。それをきっかけに、日本人相手に「韓国的なるもの」を売り出す需要を見込んで韓国からも多くの人々がやって来て店を開き、ますます、その「観光地化」は進んでいく。

そして時代が流れ、2010年代にK－popの一大ブームが起きると、それと連動して、多くの若い女性たちが押し寄せるようになる。さらに2018年あたりになると、BTS（防弾少年団）の大ブームなども相まって、ますます若い人が増える。そうして、今につながる新大久保の活気が生まれたわけだ。

新大久保は、「韓国的なるもの」を求める人々のニーズに応じながら、そこに「集中」的に彼らを満足させる店を開いていく。**新大久保において「選択と集中」のプロセスは、自然発生的に起こってきた。**時代の偶然も重なる中で、だんだんと韓国好きに向けた店が「集中」し、それがそこにくる人々を「選択」し、それがさらなる「集中」を招く。

室橋は、『ルポ新大久保』でこう書いている。

中高生くらいだろうか、女の子たちが行列をなし、おじさんとしては居場所がなく、挙動不審におろおろしてしまう。（p.164）

室橋がここで感じているのは、ある種の「居心地の悪さ」だ。これは、裏返せば、そこにいるのにふさわしい人々は、「おじさん」ではない「中高生くらいの女の子たち」ということになる。結果的に、客層の「選択」が非常にうまくいっているわけだ。

そこで働く人が
街の雰囲気を作る

しかし、どうして新大久保はこのような街になることができたのだろうか。それには、新大久保の歴史が関わっていると思われる。

新大久保について室橋は、興味深い指摘をしている。**新大久保は、1980年代以降に生まれた新しいコリアンタウンで、確たる歴史を持っていない、というのだ。**少なくとも、大阪の鶴橋や、東京の三河島などに比べれば、新大久保はずいぶん異なる空気感を持っている。それは、ここが「ニューカマー」の街だからだという。他のコリアンタウンに比べて、守るべき伝統がないだけに、自由に「韓国」を求める人々の要望に応えることができたわけだ。

また、そのようになるにつれて、例えば韓国人留学生の間でも新大久保が一種の「働ける街」として認識されてくる。室橋によれば、「新大久保」は、韓国ではあまり有名な街ではないという。日本にやって来た韓国人留学生の間で知られる街であり、彼らにとっては、「住む街」ではなく、「働く街」としてのイメージが大きいのだ。その結果、そこで働く人々は韓国人留学生が多くなり、必然的に、そこは「まるで韓国かのよう」になる。

実は、「ニセコ化」において、「そこで働く人」の問題はけっこう、大きなポイントだ。ディズニーランドにおいて、キャストたちが「夢と魔法の王国」という物語の世界を徹底的に演じるように、「ニセコ化」においても、そこで働く人々が空間全体の「選択と集中」を高めていく。韓国人留学生たちが働くことによって、新大久保における「韓国のテーマパーク」の雰囲気作りはばっちりだ。さまざまな要素が揃《そろ》って、新大久保は「ニセコ化」し、「若者（ただし、ある限られた若者タイプ）の街」となったのである。

日本中で起こっている「選択と集中によるテーマパーク化」

このように見ていくと、新大久保も、まさに「ニセコ化」といえる状況が起きていることがわかる。

それらの街では、さまざまな手法によって、客層が「選択」され、そして、その「選択」された人々に「集中」するような開発が行われている。ニセコの場合は、これがかなり意図的に行われているだろうが、新大久保の場合は、その街としての条件によって、ニセコよりも自然にその状況が生まれている。しかし、その両方の地域ともが、賑わいを見せていることを考えると、こうした「ニセコ化」は、現代において賑わいのある空間の一つの条件だともいえる気がしてくるのだ。

本書のタイトル『ニセコ化するニッポン』を最初に見たときに、本書の主張が、「日本のありとあらゆる場所がインバウンド観光客に支配されつつある」というものだと思った人もいるかもしれない。それは一部正解だが、不十分である。この章を読まれた方は、この言葉の意味がわかると思う。「ニセコ化」とは、インバウンドのみならず、「若者」や、あるいはもっとセグメント化された「韓流ファン」のような人にとって「選択」された場所のことを示すのであり、そこでは国籍は関係ない。

ただ、「選択された人」と「されなかった人」がいる。

その点で、同じ日本人の中でも、「選択」されるタイプの人とそうではない人がいる。本書の主張は、日本のあらゆる場所が意識的にせよ、無意識的にせよ、このような「選択と集中」を行う方向に進んでいるということだ。その顕著な例がニセコであり、新大久保であり、渋谷なのだ。

では、こうした「ニセコ化」は「街」だけで起こっていることなのだろうか。答えは、否、だ。それは、私たちの身近にある商業施設にも大きな影響を及ぼしている。**というより、近年の商業施設を見ていると、実はこの「ニセコ化」にうまく乗れているか、乗れていないかで、その施設の成否がわかるとさえ、私は思っている。**

第3章では、商業施設のニセコ化について見ていこう。

第3章

成功の鍵は「ニセコ化」にあった

スタバ、びっくりドンキー、丸亀製麺

「はじめに」の終わりで私は「あなたの周りにも、『ニセコ』はある……」と書いた。**この章では、より私たちの身近にある商業施設、主にチェーンストアについて見ていきたい。**

現在の商業施設のあり方を見ると、その経営戦略の多くが「選択と集中によるテーマパーク化」を進めている。店として賑わいがあったり、業績が好調だったりする企業の多くが、この「選択と集中」に成功しているのだ。意識的か、無意識的なのかわからないが、「ニセコ化」は商業施設の経営方針として踏襲される方法となっている。

その様子を、いくつかの企業に焦点を当てて見ていこう。

スタバとはテーマパークである

最初に取り上げるのは、日本を、いや、世界を代表するカフェチェーンである「スターバックス」だ。2023年の段階で、世界中に3万8038店舗を有するこの一大コーヒーチェーンは、日本でもかなりの数の店舗を展開していて、2024年3月時点で1917店舗ものスタバが日本を覆っている。この数は、国内のカフェチェーンとしては最も多く、飲食系のチェーンストア全体で見たときも、マクドナルド・すき家に続く数。特に日本は、スタバがアメリカ以外ではじめて進出した地域でもあり、2026年には日本上陸30周年を迎える。しかも、アメリカのスターバックスの業績が不安定なのに対し、日本でスターバックスを運営するスターバックス コーヒー ジャパンの業績は基本的に拡大し続けている。スタバにとって日本とは非常に重要かつ、勢いのある地域なのだ。

どうしてスタバはここまで勢力を拡大し続けられるのだろうか。その理由の一つに、「ニセコ化」があると私は考えている。

まずは、興味深い記事を紹介しよう。

「TDL（筆者注：東京ディズニーランド）とスターバックスに見る『顧客に惚れさせる』演出」

最近は繁華街にコーヒーショップが増えている。中でもスターバックスコーヒーの人気は高く、昼過ぎや一息つきたい午後三時ごろには行列が出来ることも珍しくない。他のコーヒーショップに比べ単価は高いにもかかわらず、「スターバックスでなければダメだ」というファンは多い。
スターバックスもＴＤＬ同様、独特の世界を形成している点に特徴がある。
（『戦略経営者』２０００年９月号）

ディズニーランドとスターバックスが比較され、それらが「独特の世界を形成している点」で似ていると述べられる。スターバックスを「テーマパーク」のように捉えているのだ。**実際、スターバックスは「スターバックス リザーブ ロースタリー東京」という「コーヒーのテーマパーク」とも呼ばれる施設を運営していて、両者が近しい関係にあることを物語っている。**

スタバがフラペチーノで選択した客層とは

スタバの経営を見ていくと「ニセコ化」の重要な要素である「選択と集中」が色濃く見られる。その結果、テーマパークのような店内が生まれたのだ。

では、スタバはどのように「選択と集中」を行っているのか。

それが、①商品ラインナップと②商品価格、の2点だ。

まずは、①について。この顕著な例が「フラペチーノ」の導入である。スムージーのようなもので、現在では、スタバを代表するメニューの一つである。月替わりのフラペチーノは日本でも大人気で、新しい味が出るたびにSNSを騒がせる。毎月新作フラペチーノは必ず飲みにいく、という人も多いのではないだろうか。

このフラペチーノは、何を変えたのか。それは、「客層」であった。それは、コーヒーを飲まない客層、特に若い女性を多く店に引きつけることとなった。こう書くと、「顧客を広げた」という言い方の方が正しそうだが、それは同時にスタバに来る客層を「選んだ」ともいえる。

もともと、スタバのCEOであったハワード・シュルツはこのフラペチーノの導入に反対していた。彼は、根っからのコーヒー好きで、イタリアで飲んだコーヒーの味や店の雰囲気をアメリカでも再現したい、という強い思いのもとで作られたのが、スタバだった。しかしイタリアには、こんなスイーツのような飲み物なんてない。シュルツはそう考え、反対したのだ。
しかし、テスト販売してみたところ、フラペチーノは大人気。この勢いに押されて、シュルツもフラペチーノの販売を認めざるを得なかった……という逸話がある。後年、シュルツはこう回想している。

「わたしが間違っていました。良い教訓になったと思います。やはり顧客は常に正しいのです」

（Alex Bitter、山口佳美編集・翻訳「フラペチーノに反対したのは『間違いだった』スターバックスの元CEOハワード・シュルツ氏が明かす」）

顧客の声を聞いたシュルツが印象的ではあるが、ここで注意しなければならないのは、シュルツが「どの顧客の声を聞いたのか」ということ。「顧客」と一口にいっても、その属性はさまざま。ある人の要望が、別のある人の要望と反対であることなんて、日常茶飯事だ。その中には、きっと「フラペチーノなんて売らなくていい」という声だってあったはず。しかし、シュルツは、その声ではなくて、むしろフラペチーノを売ってほしいという声を聞いた。そこに、「どの顧客の声を聞くか」という「選択」が発生している。実際、このフラペチーノを売り出す前後、スタバは意識して低脂肪乳や、バニラシロップやラズベリーシロップの導入を行っていた。特に低脂肪乳はカロリーを気にする女性たちから人気が高かったようで、明確に1990年代後半あたりから、スタバは、「女性」をターゲットにした政策を打ち続けていた。その流れの中でのフラペチーノの販売なのだが、シュルツのいう「顧客は正しかった」という言葉の裏に、「顧客の選択」が潜んでいることは、見逃してはならない。

実際、フラペチーノ導入後、スタバの客層は大きく変化した。日本においてそれまでの「喫茶店」はどちらかといえば、個人経営店の多い落ち着いた場所だったが、それ以後は、その客層や雰囲気がガラリと変わった「カフェ」が誕生した。そして実際にスタバは、どちらかといえば若い人が訪れる雰囲気の店になった（そして、おじさんが「ちょっと行きづらい……」と愚痴をこぼす場所になった。つまり、フラペチーノに「選ばれなかった」人々がいる、ということだ）。ちなみに、日経クロストレンドが2018年に行ったインタビューではスタバ利用者は若い女性に偏りがちだった（小林直樹「スタバ人気は若い女性に偏り気味、江崎グリコは年配層が支持」)。この流れは現在まで続いているとみてよいだろう。

安売りをしないスタバ

これに輪をかけているのが、②「商品価格」による「選択」である。

スタバの商品は、他のチェーン系カフェと比べて若干高い。先程のＴＤＬと比較した記事においても、そのことは指摘されていた。**たとえばブレンドコーヒーの値段で比べると、ドトールコーヒーが２５０円、タリーズコーヒーが３６０円であるのに対し、スタバは３８０円だ。**ちなみに、ドトールの客単価が５００円前後なのに対して、スタバの客単価は１０００円前後だという話もある。実際、これはスタバに行く人ならば分かるのではないかと思うが、１０００円近くは大体使うよな、という感覚がある。

それに、安売りをしないこともスタバの一つの特徴だ。これはスタバのＣＥＯであったジョン・ムーアが『スターバックスはなぜ値下げもテレビＣＭもしないのに強いブランドでいられるのか?』で述べていることで、むしろ、それを一つのブランディングにしている。これによってスタバには、ある程度日常的にその価格を払うことに耐えうる人々がやって来る。価格設定で、静かにそこに来る人を選んでいるわけである。

この点に関して「でも、若い客層だって来ているじゃないか」という意見があるかもしれない。実際、スタバ利用者の年収を集計すると、他のチェーン系カフェよりも低い、という話もある。ただし、これは逆にスタバのブランド力の高さを表しているのではないだろうか。**スタバは、「ちょっと背伸びしてでも行きたい」店の一つになっているということであり、その点でやはり安売りせずにある程度の高さを保っておくことが、一種のブランディング、つまり「選択」になっていることを表しているだろう。**

「見せびらかしたい」という欲望を叶える

ちなみに、この点に関して、『お望みなのは、コーヒーですか?』でブライアン・サイモンという社会学者が、ちょっと辛口なコメントをしている。

スターバックスがターゲットにしたのはビジネスピープル、旅行好きの人々、本を買うのが好きな「まともな稼ぎのある人々」であった。 (p.35)

つまり、スタバはある種のアッパーミドル層を対象にしているということだ。そして、スタバで商品を買うことは、そうしたプチブルの「見せびらかしたい」欲望を適度に叶《かな》えるのだ、とやや辛口に論評している。

もちろん、先ほど、若年層も多く訪れることを指摘した通り、必ずしもその客層の実態はアッパーミドル層だけではない。ただ、興味深いのは、スタバがインスタグラムなどの「見せる」タイプのSNSと相性が良いことだ。**特にフラペチーノは「インスタ映え」の文脈とも強く結びついていて、「フラペチーノ」と検索すれば、「インスタ」「インスタ映え」などの検索候補が出てくるし、フラペチーノをいかに映える形で撮影できるのかを指南するサイトさえある。**こうした傾向を踏まえれば、ある種の「見せびらかしたい」傾向は当たっていて、スタバは全体としてこうした人々を「選択」しているのではないかと思える。

「スタバでMacドヤァ問題」が示すスタバの強さ

この「スタバに行くタイプ」に関連して、スタバがその「選択と集中」にきわめて成功していると思われる例が、「スタバでMacドヤァ問題」。**つまり、「スタバには、Macユーザーがたくさんいて、いつもポチポチなんかやっていて、ドヤっている」というやつ。**これは、ネット上を中心にまことしやかに語られてきた噂で、検索エンジンなどで「スタバ Mac」などと検索してみると、多くの記事がヒットする。例えば、以下のような記事だ。

「スタバでMacを広げてドヤ顔してる人を威嚇する方法からブランド戦略を考える」（エンジニアライフ）

「ドトール、若者の間で人気上昇　『スタバでドヤ顔と揶揄されるのが鬱陶しいから』」（ガールズちゃんねる）

これ以外にもさまざまなドヤエピソードが出てくるが、興味深いのは、これらが、ほとんど「イメージ」でしかないこと。例えば、「スタバでMacBook広げて何してる？　ネットで疑問、店内観察して分かった事実」（Ｊ－ＣＡＳＴニュース）では、実際にスタバ3店舗を回ってＭａｃを使っている人の調査を行っているのだが、ある店舗ではＰＣ類使用者11人のうち、Ｍａｃ使用者は1人で、また別の店舗では、ＰＣ類使用者18人のうちＭａｃ使用者は5人にとどまっていた。**現実としてスタバでＭａｃを開く人は少なく、その結びつきは、イメージ上のものなのだ。**

裏返すと、それだけ人々は「スタバにいそうな人々」について、あるイメージを持っているといえる。それは、誤解を恐れずに言えば「ちょっとおしゃれで都会的、かつそれを見せびらかすような人々」ということで、そのイメージを強く人々に植え付けることに成功している。

スタバの「選択と集中」は、そこにいそうなタイプの人々のイメージを私たちに植え付け、その空間の「らしさ」を作り、特別感を高めている。だからこそ、ある人々は「スタバだから行く」のではないか。

経営危機の中で力を入れた「キャスト の育成」

一方、もちろんスターバックスの歩みは順風満帆ではなかった。特に2000年代後半に、スタバは深刻な経営危機に陥る。店舗経営が順調な分、レコードや書籍など、あらゆる事業に手を出し始め、赤字が膨らんでいったのである。この時期のスタバについて、創業者のシュルツは以下のようなメモを残していたという。

> 過去一〇年間、成長と拡大と発展を実現して、一〇〇〇軒に満たなかった店舗を一万三〇〇〇軒へと増やす過程で［…］スターバックス体験の質を低下させ、ブランドをコモディティ化してしまった。
>
> （『スターバックス再生物語』p.36-37）

コモディティとは「日用品」のことだと認識しておけばいい。**シュルツが当時のスタバ**

の問題点として指摘しているのは、スタバが「選ばれた人」のためにある「ブランド」ではなく、「どこにでもある日用品」のようになってしまった、ということなのだ。

まさに「選択と集中」が適切になされない事態が起こってしまった、というわけだ。これをきっかけに、シュルツは、一度退いていたCEOに復帰。バリスタの再教育や、店内で販売する商品の厳選、事業内容の切り分けなどを行っていく。まさにそれは、スタバというブランドを再構築するための「選択と集中」のやり直しだった。

その中でもシュルツが力を入れたのが、従業員の育成、テーマパークでいうならば「キャスト」の育成である（この点、前章の新大久保でも述べた点に近い）。シュルツは、常々、その経営理念として、「人」を経営の中核に据えることを述べている。経営危機のときシュルツが行ったのも、この「人」へのフォーカスだった。彼は、米国にあるスタバ全店を一時閉店させ、パートナーへの研修を断行。改めてスターバックスの「価値観」を全員で確認したのである。そうしてもう一度スターバックスの「色」にパートナーたちを染め直していった。これは、まさにスターバックスというブランドを再構築するための「集中」に他ならない。

こうした改革も功を奏して、スタバはV字回復を遂げる。

現在、世界には「スターバッカー」といわれる熱狂的なスタバファンがいる。彼らは世界中のスタバを訪れ、スターバッカー相互で交流を重ねている。一つのチェーン店に、このようなファンが生まれることは非常に珍しい。しかし、それは、スタバが徹底した「選択と集中」を行っているからこそ生まれたものである。そして、その結果として、一つの「世界」を作り出す、テーマパークのようになっている。まさに、ニセコ化が起こっているのだ。

びっくりドンキーは、「食のテーマパーク」

次に取り上げたいのは、ハンバーグレストランとして知られる「びっくりドンキー」(以下、びくドン)だ。スターバックスとはタイプの異なる店に思えるかもしれないが、「ニセコ化」的な側面を強く持っている。

びくドンは、飲食業界の中でも好調で、2024年3月には過去最高益を記録した。顧

びっくりドンキーのテーマパークのような外観

客のブランド認知に対する調査であるNPS調査によると、ファミリーレストラン部門の首位が、このびくドン。ブランディングに成功しているのだ。「びくドンだから行く」というのが、定着しているというわけだ。この点でも、スタバに近しい特徴を持っているといえる。

びくドンといえば、ぱっと思いつくのが、あの奇抜な外観・内装。

「テーマパーク」ということでいえば、まさにぴったりかもしれない。国道沿いを車で走っていて、あの外観が目に入ったときのちょっとしたワクワク感は、どこかディズニーランドが目に入るようなワクワク感と似ている。経済ジャーナリストの高井尚之は、びくドンを「テーマパーク型飲食店」の走りだと評価する。

しかし、びくドンの人気を支えているのは、これだけではない。というより、びくドンは、もっと本質的な部分でテーマパーク的で、そして「ニセコ」的だと思われるのだ。そして実際に、その戦略を見ていると、きわめて巧妙に「選択と集中」が行われていることがわかる。

「ハンバーグ」という一品を「選択」した

びくドンが行う「選択と集中」とはなにか。

それは「ハンバーグ」という一品目に特化している、ということだ。**しかも、それはただの「ハンバーグ」ではない。「日本人向けハンバーグ」に特化している。**

びくドンで不動の人気を誇るのが、「ハンバーグディッシュ」。ハンバーグとご飯、そしてサラダが一つのプレートに載っている。あの丸い木の皿に愛着を覚える人も多いかもしれない。びっくりドンキーの前身は、1968年、庄司昭夫が岩手県・盛岡で開業した「ハンバーガーとサラダの店 べる」。元々ハンバーガーを提供していた。しかし、その数年後、日本にやってきた「マクドナルド」を見た庄司は「これには勝てない」と思い、ハンバーガーをバラバラにして提供する形で考案したのが、このメニューだった。

大塚一馬は「ドンキーは本質的に単品のファーストフード（FFS）なのである」と書いている（『月刊食堂』2001年9月号）。確かに、現在でも、びっくりドンキーのメニューのほとんどはハンバーグディッシュで、基本的にこの店に来るほとんどの人がハンバーグディッシュを食べるだろう。**これは、他のほとんどのファミリーレストランが、多品種であることを踏まえると、大きな違いだといえる。**

ニセコや新大久保では、さまざまなタイプの観光客を受け入れることはしない（少なくとも、現状、受け入れるような空間の作り方をしていない）。びくドンもまた、「ハンバーグ」に注力して、すべてのメニューをまんべんなく出す、ということをしないのだ。

さらに、このハンバーグはただのハンバーグではない。徹底したこだわりがそこに詰められている。「ハンバーグ」は外国からやってきたものだが、それはすでに日本人の舌にも馴染《なじ》み深いものとなっていて、そのハンバーグの強みを発見し、そこに特化したのが、びっくりドンキーの成功の要因である。

びくドン・ハンバーグの「三つのこだわり」

では、具体的にそのハンバーグのこだわりとはどんなものか。ここには主に三つのこだわりがある。**①安さへのこだわり、②ハンバーグ自体の味へのこだわり、③「日本人大衆向け」にするための工夫だ。**

まずは①の安さへのこだわりだが、大塚が指摘しているように、びくドン以前において、単品に特化している業態といえば、「かに道楽」や「レッドロブスター」のように、客単価が高い傾向にあった。一品目に特化するぶん、こだわりが強く、商品単価が高いからである。しかし、びくドンはそこを安価にして提供した。地域別の価格設定をしているが、東京の場合、ハンバーグディッシュSサイズで830円であり、ご飯とサラダが付いてこの価格なのは、非常にお得感が強いだろう（2024年12月現在）。

実際、多くの人がそこに行く理由の一つには、ハンバーグを食べられるにもかかわらず、その値段が安いということがあるはずだ。

「おいしいから」びくドンへ行く。「安いから」ではない

しかし、より重要なのは、②・③の「味」に関わる部分だ。LINEリサーチが22年6月に発表した「一番好きなファミリーレストラン」調査では、好きなファミレストップ4にランクインしているサイゼリヤ、ガスト/ステーキガスト、ジョイフルを好きな理由1位はいずれも「値段が安いから」だった。**それに対し、びっくりドンキーを好きな理由の1位は「料理がおいしいから」(63・5%)となっている。**値段もさることながら、「おいしさ」が重要な要素になっている。では、そのこだわりはどこにあるのか。

そこで、②のハンバーグ自体の味へのこだわりについて見ていこう。

びくドンのハンバーグに使われる肉はすべてオーストラリア産かニュージーランド産に絞っている。また、このハンバーグは工場で冷凍したものを店で解凍するのではなく、「必

要なものを必要な分だけ」供給するジャスト・イン・タイムシステムで「生」のまま、各店舗に配送される。また、ハンバーグに使用されるタマネギは品種による水分含量なども見つつ、最もハンバーグに適したものを選んでいる。

さらに、創業者である庄司昭夫は、そこで提供する食材について、その提供者である自分たち自身で知らなければならないというモットーのもと、1980年代からは実験農場も北海道に作り、より安全で安心な牛肉・豚肉の提供を行うべく研究を続けている。ハンバーグを構成する食材へのこだわりが、（いい意味で）常軌を逸しているのだ。

日本人が食べやすい、箸で食べられるハンバーグ

次に③「日本人大衆向け」にするための工夫である。

びくドンのハンバーグは、日本人に合わせて箸で食べやすいような厚さになっている。少し薄くすることで、箸で切りやすいようにしているのだ。また、その味付けも、西洋風のハンバーグというよりは、醤油《しょうゆ》味をベースにした日本風の味付けであり、この点でも人

気を博している。妙にご飯が進む、と思う裏にはそんなカラクリがある。

さらにびくドンのハンバーグへのこだわりは止まらない。そもそも、ハンバーグディッシュに有無を言わせぬように付いているご飯であるが、そもそもこの組み合わせ自体、とても日本的だろう。ちなみに、お米はオリジナルの省農薬米を使い、その栽培においては「殺虫剤」「殺菌剤」を使わず「除草剤も1回しか使わない」といったルールを設けている。ここについても徹底したこだわりが見られる。

同時に「日本人の舌」ということでいえば、「味噌汁」へのこだわりもすごい。FC店舗運営部部長の堀雅徳によると、味噌汁はハンバーグに合うよう、コクのある信州味噌を用いており、その具材も日替わりで厳選したものを使っている。

大塚一馬は「こんなシンプルなメニューなのに単調さからまぬがれているのは、ドンキーが副食材やソースの開発をおざなりにしていないからだ」と書く。

以上の三つの要素から、びくドンは「安さ」と「ハンバーグの質」により、「日本人大衆向けハンバーグ」という一品目に「集中」し、結果的にそこに来る人々も日本の一般的な家庭を「選択」しているのだ。

ただの外食じゃない。ワクワクさせる演出

こうした「日本人の一般家庭」をターゲットに彼らを満足させる戦略は、特にびくドンが郊外店舗を基本としていることからもわかるだろう。

一方で、そのように「日本人の一般家庭」を相手にしたときに、留意すべきは、ハンバーグそのものは、各家庭でも食べられるものだということだ。マイボイスコムの調査によれば、回答者の52・8％が自宅でよく食べる料理としてハンバーグを回答したという。これは調査対象になっている洋食の中ではカレーライスについで2番目に多く、いかに多くの人がハンバーグを自宅で食べるかを表している。

そうなってくると、わざわざ外食として食べるハンバーグレストランとして、必要なことは、そのレストラン空間の特別感をいかに演出するのか、ということにかかってくる。

もちろん、その一つが家庭では到底真似《まね》できないような、素材レベルでの商品のこだわりであることは言うまでもない。**一方でびくドンが面白いのは、こうした「日本人の一般**

家庭向けハンバーグ」を中心とする食事の体験自体をさらに楽しいものにするための工夫が、空間の随所に凝らされているということだ。まさに、「選択」と「集中」を行う先に、テーマパーク的空間が出現する。

その一つが「木製のメニュー」だ。ファミリーレストランのメニューにしては、あまりにも大きく仰々しいこの木製メニューは、びくドンの定番ともいえるものだった。しかし近年では、DX化の浸透から、タブレットでのメニューに変える店舗もある。ただ、「タブレットだとワクワク感が減ってしまう」という顧客の声も多く、この木製メニューはまた少しずつ復活している。それが、食事を楽しむときの「ワクワク感」につながっていることがよくわかる。

あるいは最初に触れたが、特徴的な店内や外観も、びくドンを「特別感」のあるものにしているだろう。**日常世界とは少し離れた「異空間」を形作るのが「テーマパーク」であるが、まさにびくドンは、こうした点から「選択と集中によるテーマパーク化」を行っているのである。**

「選択と集中」でV字回復した丸亀製麺

次は、「選択と集中によるテーマパーク化」の方向に舵《かじ》を切ったことで、V字回復をした施設について見てみたい。

「丸亀製麺」だ。

全国に店舗を展開するうどんチェーンとして有名で、店内の製麺機で作られたうどんをそのまま提供するのが特徴だ。この方式は、オーナーの父親の故郷でもある香川県の讃岐《さぬき》うどん店の方式に影響を受けていて、丸亀製麺は創業以来「出来立ての『生』のおいしさにこだわる」ことをモットーにしている。

そんな丸亀製麺を運営するのがトリドールホールディングス。もともと、鳥料理の居酒屋チェーンとして誕生したが、鳥インフルエンザの流行などを受け、2000年代に主力業態を丸亀製麺に移す。その後、快進撃を続ける丸亀製麺は、競合他社である「はなまるうどん」を抜き、全国一位の店舗数となる。

しかし、2018年ごろから業績が低迷し始めてしまう。**ここでテコ入れのために招かれたのが、ユニバーサル・スタジオ・ジャパン(USJ)などの改革を手掛けた、日本の代表的なマーケター、株式会社刀《かたな》の森岡毅《もりおかつよし》だ。**

丸亀製麺の強みは「粉から手作り」の麺だ

森岡は、丸亀製麺の強みは「粉から手作りである」ことだといい、その部分の強化をはかる。森岡は次のように語る。

> 粟田貴也社長が創業時から掲げている哲学「出来たての感動を届けたい」は本当に正しい。実際にすべての店内で粉から麺を手作りし、出来たてのおいしさにこだわり抜いてきました。原料は「国産小麦、水、塩」のみで、保存料や表層的に食感を増す混ぜ物なんて一切使わない。ところが、最大のブランドエクイティー(資産)であるこの特徴が、消費者に十分に届いていなかった。

（「森岡毅氏単独インタビュー　丸亀製麺・復活の秘策」日経クロストレンド）

このように、森岡は「粉から手作りである」ことを、丸亀製麺の強みとして、その部分を強化する店舗戦略を行った。**最も単純だが、効き目があったのが「粉から手作りである」というのを、広告に入れ込んだこと。**つまり、「強み」を「集中」させたわけだが、これが非常に効果があったという。

「粉から手作り」を感じさせる空間作り

本書の文脈で注目したいのが、森岡がその「店舗空間」にこだわったこと。店舗復活の鍵として、その改革に乗り出したのだ。**例えば、店頭に小麦粉が入った袋をあえて無造作に積んでおく。**これによって、まるでそこが本当の香川のうどん店かのようなワクワク感を与えることができるし、「粉から作っている」ということが空間的に把握できる。

また、厨房《ちゅうぼう》をぐるりと囲んで並ぶ列は、創業当時からのものだが、この動線もうどんを

丸亀製麺店頭に積まれている小麦粉の袋

作っている様子をじっくりと見ることができ、体験的な価値を高める。一方で、同社の調査によれば、こうした列の存在によって、後ろの人から急《せ》かされているように感じる、といった声も聞かれたという。

その解決策として、こうした列を無くすのではなく、店頭にメニュー表を置くなどといった対策を行った。その世界観を壊さず、どうしたらそれをより顧客に楽しんでもらえるのかを考え、一つずつ対策していったのだ。

「うどんのテーマパーク」を作る空間演出

森岡が行った政策も、まさに「選択と集中」であっただろう。「打ち立てうどんを店内で食べる」という体験にフォーカスを当て、店に入った瞬間から、本場の手打ちうどんのワクワク感を追体験させる、これが丸亀製麺の戦略だった。

ニセコにたとえるなら、そこでいう「パウダースノー」は、丸亀製麺の「打ち立てうどん」である。そして、それを最大限楽しめるように、店内すべてを「うどん体験」にフォーカスを当てて整えていく。

興味深いのは、この結果として丸亀製麺が空間的な特別感をより強く持つようになったことだ。**まさに「讃岐うどんのテーマパーク」のようになっている。**本来ならば香川に行かなければ食べることのできない讃岐うどんの、ローカルな店の雰囲気を追体験することができる。その体験のワクワク感が生まれた。まさに「テーマパーク化」を推し進めたのだ。

こうした取り組みが功を奏して、丸亀製麺はいまやV字回復、かなりの業績を上げている。

「強み」は潜在的に眠っている？

丸亀製麺の事例で特に強調したいのは、「選択と集中」の手前にある「強み」の発見が非常に重要である、ということ。森岡が鋭かったのは、この「強み」を改めて発見したことである。そしてそれを基に、そこから外れないような形で「選択と集中」を行っていったことだ。

そもそも、刀がコンサルティングとして参画する以前から、丸亀製麺は、ある種「選択と集中」を行う企業だった。創業者の粟田は「全員がいいねと言うものはたいしたことはない」と話していたという。

丸亀製麺をご利用いただくお客様全員が「いいね」と思っているから売れるので

はないかと思う方もいるでしょう。

しかし、みんなが「いいね」と思うものを目指せば目指すほど、平均化してしまい他のチェーン店と同じになってしまいます。そして、際立つ個性がなくなると飽きられ、結局売れなくなってしまうのです。（小野正誉《おのまさとも》『丸亀製麺はなぜNo.1になれたのか？』）

そもそも、店ごとに製麺機で作り、茹《ゆ》でているとどうしても、それぞれの店ごとに味の違いが出てくる。つまり、丸亀製麺の特徴である「粉から手作り」は、ある程度、人を選ぶ。しかし、それを平均的にならし、どの店でも完全に同じようなものを提供するより、そこで生まれる個性自体を楽しめる人をある程度「選ぶ」ことに丸亀製麺は取り組んできたわけだ。

そう考えると、森岡のテコ入れは丸亀製麺自体がもともと持っていた「強み」により強くフォーカスを当てていくものだったといえる。

ニセコが「パウダースノー」というキラーコンテンツをきっかけに、観光地全体を「選択と集中」させていったように、丸亀製麺もまた、元々持っていた強み自体をキラーコン

テンツとして、それを最大限楽しめるような方向になっていったのだ。

森岡は、コンサルティングに入る以前の丸亀製麺について、ブランディングという概念が希薄で、その強みを見失っていたと語る。「出来立てのうどん」という強みではなく、それ以外の「値段」や「トッピング」にフォーカスをした戦略を立てたことが、その業績低迷の理由だったことを見抜いていたのだ。

まさに「選択と集中によるテーマパーク化」が、会社の命運を握ることがわかる好例だ。

ドンキの快進撃を支える「地域ごとの多様性」

飲食の事例が続いたので、最後に小売業の事例も見ておこう。ドン・キホーテの例だ。「驚安の殿堂」として知られるドン・キホーテだが、現在は35期連続増収という、日本の企業としては異例の成長を見せている。ドンキといえば、ごちゃごちゃした店内、うず高く積まれた商品、派手な宣伝ＰＯＰ、などがイメージとして思い浮かぶかもしれない。

しかし、こうしたイメージは、ドンキの一部分しか表していない。このあたり、私は、

『ドンキにはなぜペンギンがいるのか』という本で詳しく書いたのだが、ドンキの快進撃を支えているのは、明らかに「地域ごとに異なる姿を持っていること」だと思う。

どういうことか。

初期のドンキは、多くの人がイメージとして持っているような、ギラギラした、迷宮のような猥雑《わいざつ》な空間を持っていた。けれども、2000年代半ばぐらいから、少しずつそうではないドンキが生まれてきた。きっかけは、総合スーパー（GMS）である長崎屋を買収し、「MEGAドンキ」と呼ばれるGMS業態を作り始めたあたりからだ。多くのドンキは「居抜き」で店舗を拡大してきた。**もともとスーパーマーケットだった長崎屋の什器《じゅうき》などをそのまま生かす形で、「スーパーマーケットのようなドンキ」が生まれてきたのである。**全国各地のドン・キホーテの店舗を巡ってみると、いわゆるドンキらしくないドンキが数多く存在していることがわかる。また、近年ではさまざまな業態開発にも積極的で、Z世代向けの「キラキラドンキ」や、お酒だけを扱った「お酒ドンキ」（コロナ禍での「宅飲み需要」に特化した店舗だった）など、さまざまな店舗を作っている。

なにより、こうした店舗の多様性は、その商品に表れている。例えば、池袋駅西口のチ

MEGAドン・キホーテ渋谷本店

ャイナタウンに近い店舗では中国食材が売られていたり、その地域にとって必要なものが精選されて置かれている。**これは、ドンキが初期から採用している「権限委譲」というシステムに依《よ》るところが大きい。**ドンキでは各店舗、さらには各売場に応じてその担当者が仕入れや売り方を工夫できる「権限委譲」を取り入れている。これによって、その地域の、もっといえばその売り場に来る人にとってもっとも必要な商品を揃えたり、アピールできる売り方を工夫したりすることができる。これによって、それぞれのドンキはそれぞれの店舗で異なる、その地域に特化した空間を持つことになる。

ローカル向けテーマパークとなったドンキ

ここまで聞くと、ドンキがきわめて特殊なやり方で「選択と集中」をしていることに気が付かないだろうか。

そう、ドンキでは、各店舗での利用者を徹底的に「選択」しているのだ。権限委譲というシステムによって、その地域の顧客の満足度をもっとも高める「集中」が行われているのである。

こうした結果によって、ドンキはドンキ全体としてなにかのイメージがあるというよりも、それぞれの店舗でそれぞれ異なるテーマパーク的空間が生まれているようにも感じる。

それこそ、東京都心部にある秋葉原店や渋谷店、銀座店などは訪日観光客が多いためか、きわめて観光地的な「ニッポン」を見せるような作りになっている。まさに、前章で述べた「ニッポン・テーマパーク」的なものが生まれている。逆に住宅街や、地方の駅前に行くと、その地域に根付いた空間が、そこには現れる。その地域の人々にとって必要なものがあり、その地域に住んでいる人々が働き、「ローカル」が煮詰めに煮詰められたのがドンキとも言えるのだ。ある意味、「ローカルのテーマパーク」みたいなものなのだ。実はドンキ創業者の安田隆夫は自著の中で「われわれの究極のライバルは、もしかしたらウォルマートではなく、ディズニーランドなのかもしれない」と書く（『情熱商人 ドン・キホーテ創業者の革命的小売経営論』）。**ドンキそのものも、テーマパークを強く意識しているのだ。**

かつて知り合いと話していたとき、ドンキの空間は、地元のお祭りに似ている、と言っていた。確かにそうかもしれない。「地元の祭り」は、その地域以外の人にとっては入りづらい雰囲気を持っている。その、いわば土着的ともいえる雰囲気をドンキは持っている。ちなみにドンキ創業者の安田はその店舗づくりにおいて重要なのは「お祭り」のような空間だと書いている（同書、p.123）。まさにローカルが煮詰めに煮詰められた異空間を全国各地に作っているのがドンキなのではないだろうか。

こうした意味において、ドンキでは、各店舗において、全く異なる「選択と集中」が行われ、それぞれ全く異なる姿での「テーマパーク」が生み出されているといえるのだ。

ドンキの店舗としてのあり方は非常に特殊である。この背景には、ドンキが本格的に出店を拡大した1990年代には、すでにロードサイドをはじめとして多種多様な小売店が存在していたことがある。そんな中で、どのように生き残っていくのかを考えた末、ある意味必然的に、「それぞれの地域住民に合わせる」方向に進んでいったのかもしれない。生き残るために必然的に「ローカルのテーマパーク化」が進んでいったのである。

さまざまな形で実現した「選択と集中によるテーマパーク化」

さて、本章では、日本の商業施設にフォーカスを当てながら、それぞれの戦略において、どのような「選択と集中によるテーマパーク化」が行われているのかを見てきた。

現在、勢いのある企業を見ていくと、そこにはさまざまな形での「選択と集中」が見られる。ただし、そのやり方にはそれぞれ違いがある。

スターバックスは明確に「選択と集中」を意識しながら、店舗を拡大していった。いわば、これまでの経営概念でいえば「ブランディング」を徹底的に推し進めて成功したパターンの企業である。**スタバとは異なる雰囲気を持ってはいるが、びっくりドンキーも、かなりこのパターンに近い。**

一方、丸亀製麺についていえば、創業時から「選択と集中」の萌芽《ほうが》はあったものの、それを十分に意識しきれていなかった。そこに森岡が登場し、丸亀製麺の「選択と集中」を推し進めた。

また、ドンキは外見的には「ブランディング」と正反対ではあるものの、「権限委譲」という、小売業界の中でも非常に特殊なシステムによって、結果的に各地域の顧客を対象にした「選択と集中」を成し得た。その結果として、各地域の「祭り」に参加しているような、「テーマパーク的」な感覚を持つ店舗空間になっていることは注目するに値すると思う。

興味深いのは、これら全てが結果的に、「テーマパーク」のような空間を持っていることだ。このように、日本のさまざまな商業施設では、たしかに「ニセコ化」が進んでいるのだ。

第4章

なぜ今、「ニセコ化」が生まれたのか

ディズニーとマーケティングが手を結ぶ

それぞれの地域や場所において、「選択と集中」が進み、結果としてそこが他とは異なる特別な「テーマパーク」のようになることが日本各地で進行している。

第4章では、この「ニセコ化」が生まれた時代背景について考えていきたい。それは、特にここ数年で顕著になっている流れだが、歴史的な必然性がある。その成り立ちを考えることで、「ニセコ化」の特徴もより一層、理解できるだろう。

「ニセコ化」の始まりにはテーマパークがあった

「ニセコ化」は、どのような流れで生まれてきたのか。

これについて私は、二つの要素の成り立ちを見ることで、その現象の誕生がわかると考える。

①テーマパークにおける「空間作り」
②「マーケティング」手法が生み出した「選択と集中」

①・②に分けて、それぞれ見ていこう。

まずは①「テーマパークにおける『空間作り』」だ。

第1章でも見てきたが、テーマパークとは、「特定のテーマによる非日常的な空間の創造を目的として、施設・運営がそのテーマに基づいて統一的かつ排他的に行われているアミューズメント・パーク」のことだ。テーマパークが特徴的だったのは、空間のすべてを統一的にコントロールする、その手法が新しかったからだ。社会学や都市論の方面では、「ディズニーランド化」などの表現でこうした空間の変化をいうときもある。

私が主張したいのは、こうした手法が、テーマパークを起点として空間作りの一つのパターンとして広がってきた、ということ。「ニセコ化」は、テーマパークによって生まれた空間作りの手法をそのまま引き継いでいる。まず、テーマパークがあったのだ。

しかし、「ニセコ化」がそのまま「テーマパーク化」なのかといわれると、必ずしもそうではない。「ニセコ化」は、「テーマパーク」が持っていた「空間作りの方法論」は受け継ぎつつ、ある部分を強めている。それが、②で挙げた「マーケティング」手法の深化である。

マーケティングとブランディングの密接な関係

そもそも、マーケティングとはなにか。

それは、ある商品を顧客に買わせるための方法・戦略づくりのことを示している。マーケティングにはさまざまな方法があって、まだ世界にモノが十分にないときには、そのモノが売られていることを単にアピールすればいいし、モノが増えてくれば、売ろうとしているものがどのような特徴を持っているのか、他社製品との違いを明らかにすればよい。なんにせよ、時代の変化に合わせた、そのモノを顧客に買わせるための戦略作りをマーケティングという。

マーケティングの神様といわれるフィリップ・コトラーは2010年代を「マーケティング4・0」の時代だとしている。**この時代においては、マーケティングと「ブランディング」が密接に関係を持つ。**

ブランディングとは、あるモノの価値について、消費者にブランドイメージを認識させ、競合との差別化を図るための戦略のこと。**この点でいえば、この本でくり返し述べている「これじゃないとだめだ」という状態を作るための方法だといえる。**「ニセコ化」における重要な状態だ。

この定義からもわかるように、本来、マーケティングとブランディングはまったく異なる概念を表している。しかし、「マーケティング４・０」の時代においては、両者は近づいているのだ。

２０１０年代、さまざまなモノが社会にあふれていることはいうまでもなく、それに加えて、スマートフォンの爆発的な普及によってインターネット社会が本格的に誕生した。その結果、消費者は莫大《ばくだい》な量の情報を見て、それらの中から自分の好みのモノを選ぶことができるようになる。そんな時代において、消費者にそのサービスなりモノなりが深く刺さるためには何が必要か。それは、そのモノのブランド価値と、消費者のニーズをすり合わせ、消費者がそのブランドのファンになることが必要だというわけだ。**大量にあふれる情報から、自分に最もマッチするものを選ばせ、深くハマらせる。**そのために消費者のニーズをマーケティングによってつかみ、それに合わせてブランディングを行う。その点において、ブランディングとマーケティングは一致するのだ（ちなみにコトラーは、マーケティング4・0の時代においては、SNSでの個人の発信も重要になると書いている。あるモノのファンになり、その魅力を個人が発信することも重要だというのだ。裏返していえば、個人がわざわざ発信しようと思うぐらい、モノには個人を魅了するだけのブランド価値がなければならない）。

これは、本書でいう「選択と集中」に非常に似ている。顧客ニーズが生まれるような強みを見つけ、そのニーズを満たすような戦略を集中的に行う。それによって、その地域なり場所にリピーターが生まれてくる。まさに、「選択と集中」において、マーケティングとブランディングは重なっている。

そして、ニセコ化は、この「マーケティング4・0」時代に代表される、マーケティング手法の深化と、テーマパークの空間作りが合わさったところに誕生しているのだ。

ディズニーランドは「マーケティング」が作ったのではない

ざっくりしたイメージでいえば、「テーマパークの空間作り」＋「マーケティングのさらなる強化」＝「ニセコ化」というイメージだ。

こう書くと、例えばディズニーランドなどは「マーケティングをしていたからこそ、あそこまで人を惹きつける場所になったのではないか？」という意見がでてきそうだ。もちろん、その通りだと思う。ディズニーランドの成功の要因の一つは、それまでになかった「大人も子供も楽しめるエンターテイメント施設を作ること」にあって、それには巨大なニーズがあったから、その意味ではマーケティングは行われていただろう。

一方で、ディズニーランドの成り立ちを見ていると、それは、マーケティングというよりも、どちらかといえば、それを作り上げたウォルト・ディズニーという人間の「理念」や「思い」が先にあったことが見えてくる。そして、テーマパーク的な空間の作り方は、ウォルトにとって、その「理念」を叶えるための「手段」でしかなかった。

すこし議論を急ぎすぎたようだ。まずは、その「理念」とはどんなものだったか見ていこう。それは、一言でいえば、「外界から隔絶されたユートピアを作る」ということだ。

テーマパークが特徴的だったのは、その空間を統一的にコントロールしようとしたことに加えて、徹底的に「閉鎖的」な空間を作ろうとしたことにある。有名な話だが、ディズニーランドの中からは、その外側が見えないようになっている。また、入口も一箇所に限定し、あらゆる場所から入れないようにすることで、そこが、外の世界からは隔絶された世界観だということを徹底的に強調した。

ディズニーランドが持つ、このような「外界から隔絶された感」は、その生みの親であるウォルト・ディズニーの思想に強い影響を受けている。ウォルトは、その幼少期をアメリカの中西部で過ごした。中西部は、気候的に恵まれているとはいえず、ウォルトも小さいときから厳しい自然環境の中で、親の畑仕事の手伝いなどをしていた。この中でウォルトには、厳しい自然環境に対する憎悪ともいえる感情が生まれたらしい。だからこそ、彼はディズニーランドの中で、徹底的に本物の自然がない（あるのは作り物の自然）、人工的なユートピアを作ろうとしたのだ。さらに、そこには彼の愛国的な主張も多分に含まれていて、彼が目指す「理想としてのアメリカ」像が深く刻まれていた。だから、それは現実と少しでも地続きであってはいけないし、徹底的に現実が見えないものを作る必要があったわけだ（能登路雅子《のとじまさこ》『ディズニーランドという聖地』）。

その意味で、ウォルトにとってディズニーランドとは、現実を巧妙に覆い隠すための装置であり、そのための方法論として、ある空間全体を彼の思う「テーマ」で埋め尽くす必要があった。テーマパーク的な空間の作り方は、彼にとっては、「辛《つら》いアメリカ」という現実を忘れるための「手段」だったのだ。

「何もない」から、浦安はディズニーに選ばれた

ちなみに、東京ディズニーランドは、このような本家のディズニーランドを踏襲する形で誕生することになった。だからこそ、先ほども述べたように、そこは内側からは外側が見えないようになっている。また、東京ディズニーランドの立地をどのようにするのか、という点でも、この「現実を忘れさせる」ことは、強く意識された。

東京ディズニーランドは、それが立地する「浦安」という場所とはまったく関係がない。

東京ディズニーランドの立地案として、最終的に残ったのは、「浦安」と「富士山麓」だったという。しかし、富士山麓にディズニーランドを作るアイデアは、却下されてしまう。

「富士山」という圧倒的に「日本」を印象付ける「現実」が、ディズニーランドという空間には邪魔だったからである。だからこそ「浦安」という、当時は小さな漁村だった場所にディズニーランドは誕生した。そして、その漁村としての浦安の姿は、ディズニーランド誕生とともに、ほとんど顧みられることがなくなってしまった（桂英史《かつらえいし》『東京ディズニーランドの神話学』）。

ウォルトの「理想」が強く反映されたからこそ、東京ディズニーランドは浦安に誕生したのだ。

このように、どちらかといえばディズニーランドは、マーケティングの結果生まれたというよりは、ウォルト自体の「思い」や「理念」が先行していて、それが結果的にその当時の人々のニーズにはまった、ともいえる。

だからこそ、ディズニーランドは、現実とは全く異なる「夢と魔法の王国」、理想の空間として、その土地から遊離した空間が作られている。

「理想」がテーマパークを作ったけれど

こうしたディズニーランドの成功を受けて、日本で「テーマパーク」は広く受け入れられていく。

中でも、「東のディズニーランド、西のユニバーサル・スタジオ・ジャパン」といわれるように、大阪に誕生したユニバーサル・スタジオ・ジャパン（USJ）は、日本を代表するテーマパークの一つだろう。ここで選ばれたテーマは「ユニバーサル・スタジオ」という「映画の世界観」だった。園内には映画をモチーフにしたアトラクションや街が再現され、まるでその世界に迷い込んだかのよう。そして、ディズニーランドと同様、USJも、テーマとそれが立地する大阪は関係がない。**「場所とは関係のないテーマ」で異世界が作られたパークの典型例なのである。**

こうしたパークは日本各地で作られていく。中には、「なぜここで、このテーマ？」と首を傾《かし》げてしまうようなものもあり、いかにディズニーランドが開拓した手法が、多くの人々にインパクトを与えたのかがよくわかるだろう。この時期に誕生したテーマパークに共通しているのは、日本全国に「プチ・ウォルト・ディズニー」的な人がたくさんいて、彼らが思い描く夢を実現させるためにこうしたパークが作られたことだ。

例えば、日光・鬼怒川にあった「ウェスタン村」。その名の通り、日光の地にアメリカの中西部を彷彿《ほうふつ》とさせる施設を作っていた。園内には、本場アメリカのマウント・ラッシュモア（大統領四人の顔が彫られた姿が有名だ）や、地元の川をメキシコのリオグランデ川に見立てたものなど、「ウェスタン」というテーマで空間が作られていた。

ある雑誌記事では、このウェスタン村を作った大南《おおみなみ》兼一という人物が、以下のように説明されている。

> 昭和18年、戦中生まれ。アメリカに対する独特の憧れを抱いて成長した世代の同氏が幼い時より夢に描いていたこと、それは、アメリカのフロンティアスピリッツ、西部開拓史を表現する施設をつくることだ。
>
> （『アミューズメント産業23（2）（265）』）

今は廃墟となったウェスタン村

戦後の日本人が持っていた「アメリカへの憧れ」はよく語られることだが、大南もまたその一人だった。そして彼が持っている憧れを空間として形作ろうとしたのが、このウェスタン村だった。

このような「理想」に燃えていた多くの人々（そして、さまざまな事情からそれを叶えるだけのお金を手にした人々）が、プチ・ウォルト・ディズニーとして、各地にテーマパークを作っていった。

彼らには「理想」があり、それを叶えるためにパークを作った。「日光」と「ウェスタン」が基本的には何も関係がないように、彼らにとっては、その「理想」が叶えられる場所さえあればよかったのだ。**元々のテーマパークが、マーケティング的な「顧客を調査する」こととは、反対の方向を向いていたことがわかるだろう。**

「理想」だけでは お客様は満足しない

ただし、すでにご存じかもしれないが、こうして乱立したテーマパークの多くは、経営不振により閉園してしまっている。端的にいえば、成功しなかったのだ。その原因にはさまざまなものが考えられる。ディズニーランドほど空間作りが徹底されていなかったとか、あるいは長引く不況で、銀行の融資が受けられなかったとか、その理由を一つに定めるのは難しい。けれど、「創業者の理想だけ」で建てられた、ということも大きな衰退の一つの要因だった。**「理想」はしばしば現実と乖離《かいり》する。**その土地に来る現実の人々を無視して、「理想」だけで空間が作られてしまえば、来場者が満足しないのは当然のことだ。だからこそ、それらのテーマパークは長続きしなかった。

ちなみに、こうした「理想の暴走」は、先に紹介したＵＳＪでも見られることだった。

当初こそ、その世界観がウケて多くの来場客を集めたＵＳＪだったが、年が経《た》つにつれて、徐々に来場客数が落ち込んでしまう。特に２０１０年あたりには、明確な停滞期が訪れ、１０００万人ほどだった年間来場客数は７５０万人にまで落ち込んでしまった。

どうしてこのようなことが起こってしまったのだろうか。

その後のＵＳＪに入社し、同パークの立て直しを任されたのが、第3章でも登場した、森岡毅である。森岡は、入社した頃のＵＳＪについて、「映画の世界」という世界観にこだわりすぎ、本来重視すべき、そこにやって来る人々の「ニーズ」を無視していた、という（森岡毅『ＵＳＪのジェットコースターはなぜ後ろ向きに走ったのか？』）。まさに、そこまでのテーマパークが陥っていた「理想ありき」の弊害がＵＳＪにも迫っていた。

初期のディズニーランドと
ニセコの決定的な違い

このように見ていくと、テーマパークの歴史は、「マーケティング」と本質的には異なる方向性を持って進んだ。作る人の「思い」や「理念」をベースとして生まれたパークが多かったのだ。

一方で、同じようにテーマパーク的な空間を作りながらも、近年の「ニセコ化」においては、テーマパークに見られる空間作りとマーケティングが巧妙に手を取り合っている。

例えば、ニセコの例を見てみよう。**ニセコは、誰かの「理念」によって、「日本じゃないような場所」になったのではない。**その土地の特長・強みがあって、そこに表れる顧客ニーズをつかみ、その強みにフォーカスを当てて「選択と集中」を推し進めているのだ。そして結果的に、テーマパーク的な空間が生まれている。

具体的にいえば、ニセコが国際的な観光地になったのは、その場所にある「パウダースノー」という強みを、再発見したことにあった。その雪質は「ジャパウ」と呼ばれ、世界でも例の少ないものであった。この雪質を求めてやって来るのは、外国人スキー客、しかも富裕層に属する人々。そこに顧客ニーズがあったのだ。まさにこのニーズの発見が、マーケティング的である。そして、彼らに特化した観光地作りが行われた結果、そこはまるで日本にあって日本ではない、外国のような街並みになった。まず最初に「パウダースノー」という土地に根差した強み、そしてそれが喚起するニーズがあった。これが重要なのである。

ここまで紹介してきた観光地や街、商業施設は常に、元々持っていた「強み」を自覚し、それを強めるマーケティングを行うことで「ニセコ化」を果たしてきた。

例えば、第2章で紹介した、豊洲 千客万来、黒門市場などもそうだ。**元々そこは、何もなかったところに突然インバウンド向けの施設ができたのではなく、まず最初に「市場」があった。**市場には新鮮な食材が集まる。それが日本人観光客、ひいては日本の海鮮や食材を求める外国人観光客を呼び寄せるだろうという算段があって、観光客向けの施設が特別に作られたり、外国人観光客向けのサービスが行われたりする。まず、「強み」があるわけだ。

商業施設についてもそうだ。

丸亀製麺の例を思い出してほしい。業績が落ちていた丸亀製麺をV字回復させて救ったのは、森岡毅による「マーケティング」の成果だった。森岡は、丸亀製麺が持っていた「粉から手作り」というこだわりが客を惹きつけることを「再発見」し、それを押し出したプロモーションを打ち出していった。まさに「強み」ありきの政策だった（ただ面白いのは、丸亀製麺の場合、その「理念」自体がニーズと合致する強みになったということだ）。

理念がマーケティングに代わった

これらの例からわかるのは、「ニセコ化」とは、ある程度、その空間で発生する「ニーズ」やそのニーズをかき立てる「強み」が発見され、そこにブーストがかけられていくプロセスだということだ。観光地の場合は、その土地に根差した「強み」を発見している場合が多く、商業施設の場合は、そこを訪れる人（あるいはその場所の周辺住民）のニーズを汲《く》み取《と》っていく必要がある。まさにマーケティングが必要になるわけだ。

ここまで見てきたように、ディズニーランドをはじめとする初期のテーマパークが、本質的にはマーケティングとは遠い「理念」を実現させようとする試みだったのに対し、「ニセコ化」においては、マーケティングとテーマパークの空間作りが巧妙に手を組みつつ、その地域やモノ・サービスの「強み」に特化した上で場所作りが行われている。

いわば、テーマパークから「理念」が消え、マーケティングと手を組んだところに生ま

れたのが「ニセコ化」という現象なのだ。都市論には、都市とはその時代の思想を反映したものだという考え方がある。私がここでいう、「選択」と「集中」とは、ある意味、新自由主義的な考え方であるが、そんな時代の風潮が可視化された都市こそ、「ニセコ化」された都市なのである。コトラーは、マーケティング4・0について、それが2010年代から見られると書いたが、まさにこの意味で、ニセコ化は2010年代以降、日本を（もしかしたら世界を?）覆っている空間の仕組みなのだ。

実はテーマパークも「ニセコ化」している

このように見ていくと、（すこし回りくどい表現になるのだけれど）いわゆる「テーマパーク」も、「ニセコ化」が進んでいる。というより、成功しているテーマパークはどれもこれも「ニセコ化」している。テーマパーク自体も「マーケティング」がどんどん進んでいるのだ。

例えば、ＵＳＪの事例である。

先ほども書いたように、苦境が続いていたＵＳＪにやってきたのが、森岡毅。そして森岡が取った戦略により、ＵＳＪはＶ字回復をする。森岡は、いったい、何を行ったのか。

まず第一に、徹底した消費者理解だ。ＵＳＪに来る人々は、何を楽しみにして、どういう行動をして、どこにＵＳＪの面白さを見出《みいだ》しているのか。丸亀製麺の例でも同様なのだが、森岡の消費者理解の方法は良い意味で、きわめてアナログである。そこにいる人々の行動を観察する。そこにいる人々が何を考えているのかを聞き出す。デジタル化が進む世の中においては、あまりにもアナログだ。しかし、それによって、そもそもＵＳＪの強みはなんなのか、それを明らかにし、そこに焦点を当てた（まさに選択と集中だ）政策を打ち出していく。

その中で森岡が行ったのは、ＵＳＪを「映画専門店」から脱却させることだった。先ほども書いたように、「映画の世界を体験させる」ことがＵＳＪの世界観だった。しかし、それだけでは、消費者が本当に求めているものとズレが生じてしまう。また、それは確かに「強み」かもしれないが、一方でより多くの人を満足させることのできる強みではないと考えたのだ。そして森岡は、日本で人気のコンテンツであるワンピースやモンスターハンターなどとのコラボを積極的に行い、一見すると雑多なテーマパークのようにも思われることもあった（その点で一部のUSJファンからは苦言も呈された）。しかし、その客足は順調に伸び続け、最終的に日本でも人気の高い「ハリー・ポッター」の新エリアを作ることで、USJは完全に復活したのである。森岡は、USJの改革にあたり、「ユニバーサル・スタジオ・ジャパンというブランドを、『映画の専門店』という妄想から、『世界最高のエンターテイメントを集めたセレクトショップ』へと脱皮させること」を掲げたという（『USJのジェットコースターはなぜ後ろ向きに走ったのか？』）。「映画」も含めたエンターテイメントが持つ「感動体験」を軸に、USJの「強み」を再定義し、それにフォーカスを当てた戦略を打ち出していったのだ。この点で、まさにUSJも「ニセコ化」しているのだ。

東京湾という立地を活かしたディズニーシー

かくいうテーマパークの元祖的な存在であるディズニーランドが、現在に至るまで多くの来場客数を維持しているのも、この「ニセコ化」を適度に果たしているからだと考える。**つまり、ウォルトが目指したような、「完全なる異世界」としてのパークの姿から徐々に脱却していき、よりそこに来る消費者のニーズに合致したパークにその姿を変えてきたのだ。**

具体的に、東京ディズニーリゾート（TDR）の例を見てみよう。このパークは近年、その主要客層である日本人が楽しめるパークにその姿を変えてきている。

もっともわかりやすいのが、東京ディズニーランドが開業してから約20年後に誕生した、東京ディズニーシーだ。**このパークは世界でも日本だけにしかなく、特に日本側が主導してパーク設計を行った場所である。**そのシンボルは、パーク中央にある地球のオブジェ「アクアスフィア」だが、これはアメリカ側の提案では「灯台」にする予定だったという。しかし、日本では灯台というと、どこか寂しい印象を与えるものとしてこの提案が却下され、現在のオブジェに変更になったのだ（加賀見俊夫『海を超える想像力―東京ディズニーリゾート誕生の物語』）。

これに加えて重要なのは、特にディズニーランドの特徴だった「外部が見えないようにする」という空間の作り方と、根本的に異なる構造をディズニーシーが持っていることだ。

というのも、その園内からは、しっかりとその外側に広がる東京湾が見える。**いわゆる、日本の庭園の作り方である「借景《しゃっけい》」が取り入れられているのだが、これは外部と内部を遮断しようとしたディズニーランドとは、根本的に異なる空間の作り方だった。**

そもそも、ディズニーシーのテーマは「冒険とイマジネーションの海」であり、「海」をテーマにすることで、自然とその外部の景色を溶け込ませることができた。というより、「海」をテーマにすること自体が、島国であり、海が生活に溶け込んでいる日本人にとっては、非常にしっくりくるテーマパークの作り方だったと思えてくる。

ディズニーシーに来るのは、まず第一に「日本人」である。その日本人に合わせたマーケティングが行われたのが、ディズニーシーの例だろう。

「Dオタ」向けに変化したディズニーパレード

さらに、TDRはマーケティング的に変化し続けている。

ここ最近のディズニーランドの傾向だが、本来、一つのテーマで徹底的に統一されていたディズニーランドの世界観が崩されているのだ。新井克弥はこれを、ディズニーランドの「ドンキ化」と呼んでいる（ここではドンキ化という言葉は、「ごちゃごちゃした」「雑多な」という意味で使われている）。もともと、ウォルト・ディズニーが思い描いていたパークの方向性から逸脱しているというのだ。

新井が強調するのは、ある段階までのTDRが、いわゆる「Dオタ」（ディズニーオタクの略語）が楽しめるようなパークにどんどんと変わっていった、ということ。一つの世界観を守るのではなく、色々な好みを持ったそれぞれのDオタが各自で楽しめるように、その場所が変わっていったのだ。例えば、パレードにはその傾向が顕著に表れていると新井は言う。もともと、そのパレードは、ディズニーの世界観や物語に忠実で、そこで流れるフロート（パレードの山車とでもいうべきもの）なども計算されているものだった。**しかし、現在のパレードは、大雑把なテーマだけを決め、基本的にそこには人気のキャラクターたちが勢揃いするようになっている。**それはなぜか。Dオタたちは、ネットやSNSの情報をさまざまに調べ、それぞれが「マイ・ディズニー」ともいえるこだわりを持っている。その細分化したこだわりに対応するように、パレードのあり方も変わってきたのである。

この点でも、ＴＤＲはそこに来る顧客層を判断し、そこに特化した形での政策を行うという意味で、きわめてマーケティング的にその空間を操作しているといえるだろう。そこで、ウォルト的な「理想」はきわめて薄められる。

「若者のディズニー離れ」の真相は

ある段階まで、ＴＤＲはＤオタたちの嗜好《しこう》に合わせて変化を遂げていたといえるが、それもまた変わってきている。

それを表しているのが、近年、顕著になっているＴＤＲの「高級化」だ。

ディズニー側は、今後の方針として「客数よりも満足度」を重視する方向性を挙げている。これは、第1章で見てきたような、観光全体のトレンドとも関係する。つまり、「量から質への転換」だ。ディズニーの世界を、選ばれた人にだけより楽しませ、彼らから今まで以上に高いお金を取ることによって、全体の利益を上げていくのだ。まさに「選択と集中」だ。それは、ここ10年ほどで倍近くにもなったチケット（パスポート）料金にも表れているし、かつては無料で取得できたファストパス（アトラクションの優先搭乗券のようなもの）が「ディズニー・プレミアアクセス」として課金制になったことにも顕著だろう。また、一度買えば一年中行き放題だった「年間パスポート」（いわゆる、年パス）も廃止され、定額でそこに行き放題、ということもできなくなってしまった。

こうした高級化の裏側には、「Dオタの排除」もあると思われる。

本来なら、こうしたコア層は歓迎されるべきだ。しかし、これ以前のTDRでは、Dオタたちによる、過剰な「マナー違反の晒《さら》しあげ」などが問題になったり、あるいは一度買えば年中行き放題の「年パス」で繰り返しふらっとインパ（インパーク、ディズニーリゾートの中に入ること）する人々が多かった。こうした行動は、一般客を遠ざけ、また年パスを使って繰り返し入園されることでパーク側の売り上げが落ちてしまう。

しかし、コロナ禍を機に年パスの制度は無くなり、それと相前後するように、ディズニーは入園客の量から質への転換を図った。今では「運営はDオタの方を向いてくれない」といった言葉もまことしやかに語られている。もちろん、高くなっても熱狂的なDオタはTDRに通い続けるだろうが、特に年パスの廃止によって、少なくない数のDオタがTD

Rから離れていったことは容易に推察できる。ちなみに、年パスが実質的に廃止された2020年には、「#Dヲタのディズニー離れ問題」というハッシュタグがSNS上で話題を呼ぶこともあった。

「量から質」を重視する流れの中で、Dオタの排除も進んでいったのである。

こうした料金の高騰により、一部では「もうTDRは金持ちしか行けない」なんて報道もある。また、それと共にネットを騒がせたのは「若者のディズニー離れ」という言葉。発端はピンズバNEWSに掲載された「若者のディズニー離れが進む　10〜30代の利用者は約10％減　TDR知識王が語る分岐点『大人料金が1万円を超えた時』」だったかもしれないが、これを皮切りにさまざまな議論が噴出した。そうした記事に対しては「いや、逆に『ディズニーの若者離れ』では？」といった反論もあった。

ここでニセコのことを思い出してみよう。まさに、同じようなことが起こっているのだ。パークへの入場を「料金」によって変化させ、そこへ来られる客層を選んでいるのが、現在のTDRの姿であるといえるのかもしれない。

つまり、USJが「映画の世界」をテーマにすることをやめたように、TDRが「それまでのディズニー好き」とは異なる客層に向けた施策を打ち出しているのだ。実際、こうしたTDRの方向性は、現状では成功していると思われる。**というのも、度重なるチケットの値上げにもかかわらず、その客数は衰えることがなく、2024年3月決算では、過去最高益を記録したからだ。**「高くても来る」人を選んでいるからこそ、最高益を記録できるのだ（同時に、これは「高くても来る」ぐらいの魅力をTDRが作り続けているということだ）。

まさにテーマパークにおいても、「選択と集中」が進んでいる。それは、ディズニーがこれまで持っていた「テーマ性」という名の「ウォルトの理想」からの脱却であり、同時にそこに来る人々を選び、フォーカスを当てて楽しませるマーケティングの強化が行われているという意味でもある。きわめて「ニセコ」的な展開をたどっているのだ。

その場所の一側面を増幅させるのが「ニセコ化」

本章では、これまでの議論をまとめる形で「ニセコ化」を生み出す二つの要因について見てきた。

これまでは「テーマパーク化」というと、地元の実態とはかけ離れた世界を作り出してきたことが問題視され、どちらかといえばそれを批判的に捉える向きも多かった。**しかし、現在日本で発生している「ニセコ化」は、こうしたテーマパークの空間作りの手法を生かしながらも、その土地にある「強み」、あるいはそこにやって来る人々の「好み」を生かしつつ、その場所に根ざす形で空間作りを行っている。**それが、いわゆる、私たちが通常「テーマパーク」と呼ぶものとの違いであり、マーケティングが発達した現在の人々の思考が可視化されているともいえる。

ただし、もちろん、それがその場所のリアルな姿すべてを映し出しているわけではないことは確かだ。というのも、「ニセコ化」においては、そこで見出された「強み」を増幅させ、結果的に「異世界」を作り出すからだ。例えば、新大久保という街には、確かにもともと韓国の人が多く住んでいたが、メディアからの注目などによって、そこが徐々に「韓国のテーマパーク」のようになっていった歴史を持つ。**すると、新大久保はあたかも「韓国に関連する店しかない街」のように思われてしまうが、それは実際の新大久保の一面を**

強調した姿にすぎない。現実には、そこには韓国系以外の多くの国籍の人が住んでいるし、日本人だってたくさん住んでいる。そうしたさまざまな現実の姿のうち、一面だけがフォーカスされたのが、「ニセコ化」の実像だといえるだろう。

私はこのような意味での「ニセコ化」について、すべてが問題だとは思わない。それによって、確かに楽しめる人がいるからだ。一方で、こうしたある地域や空間の一面のみが強調されることによって、そこに来る人々が「選択」され、その裏返しとして「排除」が起こる構造については十分に考える必要があると思う。

そこで、次章以降では、このような「ニセコ化」に失敗した例、さらには「ニセコ化」自体がはらむ「排除」の問題について考えてみたい。日本に「ニセコ化」が広がる中では、それに失敗する場所も当然出てくるし、ニセコ化自体がはらんでいる問題も前面化する。

ここまでは、「ニセコ化」のプラスの側面を見てきたが、「ニセコ化」のマイナスの側面についても考えてみたいのだ。

第5章

「ニセコ化」の波に乗れない企業とは

ヨーカドー、ヴィレヴァンがマズい理由

本章では、これまでとは視点を変えて「選択と集中によるテーマパーク化」がうまく機能しなかった例を見ていく。特に、近年苦境を強いられている観光地・商業施設などを見ると、その多くが「選択と集中」の波に乗れていないのだ。これらの例を見ることで、どれほど「選択と集中」がその場所にとって重要なのかが理解いただけるだろう。

「炭鉱から観光へ」舵を切った夕張市

まずは、観光地の例から。

ニセコから札幌を通り抜けてさらに東へ。北海道の夕張に視点を移してみたい。「夕張メロン」でお馴染みの、あの夕張だ。この地域の歴史を辿《たど》りながら、観光地における「選択と集中の失敗」を眺めていこう。

夕張は、古くから炭鉱の街として知られていた。明治時代に、お雇い外国人の一人だったスミス・ライマンがこの地を調査。その後も継続的に探査が行われ、北海道庁の技師だった坂市太郎《ばんいちたろう》によって石炭の大きな露頭が発見された。これにより、夕張は炭鉱の街として全国的な注目を集めていく。１９６０年代には、一地方都市にもかかわらず、十数万人の人口を抱える街になる。しかし、石炭以外のエネルギー資源の台頭によって石炭の需要は低下。１９６０年代半ばから大きな炭鉱の閉鎖が相次ぎ、それに伴って人口も減少してしまう。そして、ついには、全国でも指折りの人口減少地域の一つとなったのだ。

　そのとき、夕張市はどうしたか。観光に舵を切ったのだ。**ディズニーランドの開業に顕著なように、１９８０年代は戦後からじわじわと伸びていた観光ブームが頂点に達したときでもあった。**全国さまざまな場所に、観光地となる施設が誕生し、列島各地が観光ブーム状態となる。夕張市もこの流れに乗る形で、観光開発を進めていった。そのときのスローガンが「炭鉱から観光へ」。キャッチーでわかりやすく、全国的にウケた。

　特産であった夕張メロンを活《い》かした「めろん城」、かつての炭鉱跡を資料館にリニューアルした石炭博物館、世界の動物館などなど、さまざまな施設を作っていった。こうした政策が功を奏し、夕張市の観光客の人数は大幅に増加。地域イメージの転換例としてメディアで取り上げられることもあった。

「なんでもあり」な夕張

しかし、その状況は長くは続かない。バブル景気崩壊後、同市の財政は大幅に悪化。その状態は回復することなく、結局2007年に市として財政破綻してしまう。自治体としては最悪の結末を迎えてしまったわけである（ちなみにその後は、当時・史上最年少市長として注目された現・北海道知事鈴木直道が財政健全化に向け、高齢者問題などの先進的な取り組みを行った）。

ざっと夕張の歴史を説明したが、夕張の観光地としての問題はどこにあったか。もちろん、これにはいろんな理由があるから、一つに定められるわけではない。でも、その一つに、1980年代からの観光地開発の方針が、「選択と集中」とは反対の方向を向いていたからではないかと、私は考える。

先ほども書いた通り、1980年代から起こったレジャーブーム・観光ブームによって全国各地にはさまざまな観光施設が誕生した。しかし、それらの多くは、どれも似たようなものばかりで、その地域の特長が押し出されるわけではなかった。**実際、1980年代以降、夕張市に誕生したのはそのようなブームに「とりあえず」乗った施設が多かった。**夕張の歴史を反映した「石炭の歴史村」や「めろん城」はもとより、それほど必要のないゴルフ場や温泉施設、さらには動物の剝製が大量に展示されている「知られざる世界の動物館」まで、良くいえば多種多様、悪くいえば無秩序な観光地開発が行われた。しかも石炭の歴史村の中には、遊園地なども併設されており、誰向けの施設なのかが非常にわかりづらい状態。こうした状況は、夕張だけでなく日本全国で起こっていたことであり、とにかく「ハコモノ」を作れば、そこに人がやって来るだろう、という観光地への考え方がそこには流れていた。

しかし、こうした観光地の作り方は、明らかに現在のニセコとは真逆だ。**まず、誰向けの施設を作るのか、つまり客層の「選択」がなされていない。**誰を呼ぶか、という属性や質の問題よりも、「とにかく人を呼ぶ」という「量」の問題が先に来てしまっている。

また、客層が「選択」されないから、観光地として何を見せていくのか、どのように見せていくのかという「集中」も当然できない。もっというなら、そうした「選択と集中」

の底には、夕張という「場所」が他と比べて一体何が優れているのか、どこに人が魅了されるのか、への深い洞察が足りていなかったことも指摘できると思う。あるとしても、「夕張メロン」「炭鉱」といった、表層的な言葉のみの特徴を捉えるに過ぎなかった。夕張メロンにどんな価値があり、それは誰を惹きつけ、その魅力を最大限アピールするためにはどのような施設が必要なのか。そもそも夕張の魅力は、「メロン」だけなのか、他に人々が気づいていない夕張の特長があるのではないか、それらに対する深い洞察・さらにその全体を見通すマスタープランが欠けていた。それが夕張を「夕張だから行きたい」と思えるような特別な場所（テーマパーク的な場所）へと変えなかったのではないだろうか。

もちろん、こうした背景には当時の夕張市が喫緊で人口減少の問題に突き当たっていたこともある。とはいえ、「選択と集中によるテーマパーク化」は適切に果たせていなかったのである。

コンセプトが「ゆる」すぎる、「ゆるキャラ」たち

「夕張の事例はずいぶん前でしょ」と思う人がいるかもしれない。しかし、見渡してみると、特に日本の観光地は、時代の新旧を問わず、常にこの「選択と集中の失敗」を経験しているように思う。

例えば、2010年代あたりからにわかに世間を賑わすようになった「ゆるキャラブーム」。もともとはタレントのみうらじゅんが1990年代に、物産展のはじにひっそりといるキャラクターを示してこう名付けたが、それらが2010年代に一気に市民権を得る。熊本県の「くまモン」や、彦根市の「ひこにゃん」など、スターゆるキャラが生まれたのをきっかけに、全国の自治体がオリジナルのゆるキャラを生み出していく。本来、こうした観光地のキャラクターは、人々にその観光地の魅力や特長を伝えていくものである。その意味では、「選択と集中」のツールの一つともいえる。サンリオのキャラクターが、「KAWAII」を軸とするサンリオの企業理念を象徴・体現するように、ある程度そのキャラクターはその観光地なり場所なりのイメージを固定して、客層を「選択」するのに役立たなければならないはずだ（髙木健一、小巻亜矢『Kawaii 経営戦略』）。

でも、こうした後発のゆるキャラを見ていくと、それは決して観光地のイメージを固定するのに役立っている印象を受けない。単にその地域の特産品をキャラクター化したものや、あるいは設定にスキが多くてよくわからないキャラクターが乱立している。結局2020年代にはブームも収束し、現在生き残っているのは、スターゆるキャラのみ、なんてことになっている。見た目や行動が「ゆるい」だけでなく、そのコンセプト自体が「ゆるい」、「ゆるキャラ」がたくさん生まれてしまったのだ。

こうしたゆるキャラブームは、地方創生における「なんでもあり」な観光地の爆発的増加を表す顕著な例だと思う。

観光地における「ブーム」が観光地を死に追いやる

まだまだこうした例はある。ゆるキャラだけではなく、観光地開発においては、常に何らかの「ブーム」が起きている。**特に近年では観光における「モノ消費からコト消費」という旗印のもとで、イベントなどの「体験型」の観光資材を押し出す観光地も増えている。**

しかし、その中でも結局蓋を開けてみれば、「芸術祭」や「マラソン大会」といった横並びの体験しかできないことも多く、その地域の特長や、その地域だからこそできる体験に「選択と集中」をしている例は少ないのである。さらに、ニセコのように、その「選択と集中」を極端に推し進め、その空間全体が他の場所とは異なるテーマパークのようになっている場所となると、ほとんどないのではないか。

観光における「ブーム」は、ある観光地において成功した方法が全国に波及していくことから起きる。しかし、単純に流行《はや》りを真似しただけで、それが本当に観光地にとって必要なのかが吟味されず、「選択と集中」のフィルターに通されないまま観光地に適用されていく。

ちなみに、ニセコが行うような「富裕層向け」政策も、ある種、日本各地でブームのようになっている。JTIC.SWISS代表の山田桂一郎は「地方で富裕層狙いの観光サービスやプロダクツを企画、販売しても、『作ったはいいけど売れません』という話をよく耳にします。[…]そもそも富裕層獲得は何のためか、と言う目的を曖昧にしたまま取り組んでいるのでは上手くいくはずがありません」と、「選択と集中」を明確にしないまま、なんとなく「富裕層向け」を押し出す観光地の増加に警鐘を鳴らしている（「【山田桂一郎】ニッポンの富裕層観光ブームの落とし穴。真の『観光立国』とは」)。

こうした意味で、ありとあらゆる観光地において「選択と集中」の問題は顔を出している。

ファミレスという業態では、選択も集中もできない

「選択と集中によるテーマパーク化」は、言葉で書くと単純に思えるが、実は難しいことでもあるのだ。

では、第3章で検討してみたように、より身近な商業施設においてこの「選択と集中の失敗」はどのように見られるのか。

最初に取り上げるのは、(ちょっと広い範囲だが)「ファミリーレストラン」である。ファミリーレストランという業態自体が、「選択と集中」に失敗してしまっているのではないかと思えるのだ。というのも、ファミレスの業績が近年、全体的に振るわないからだ。この点は第1章でも触れたが、もう少し詳細を見てみよう。

日本ソフト販売株式会社が発表している統計データによると、2023年、ファミレスの数は前年比で店舗数が3・2%減少している（前年は1・8%減）。同サイトによると「上位4チェーンは揃って減少　増加チェーンも勢いが弱まる」とある。「ファミレス」という業態自体が、厳しい局面に置かれている。

コロナ禍で、飲食業は大きなダメージを負った。ファミレスもその例外ではなく、特にガストは2022年に100店舗を閉店するなど、痛手が大きかった。最近ではコロナ禍からの回復もあって業績は上昇気味だが、店舗数ベースで見ると、厳しい局面に置かれていることは変わらない。実際、ファミレスチェーンの内部では、どのようなことが起こっているのか。もう少し具体的に見てみよう。ここで取り上げたいのは、「ガスト」や「ジョナサン」を運営する「すかいらーくホールディングス（HD）」だ。

時代は「一品特化」型

同社が発表している資料によると、2023年12月期は、ガストが1317店舗から1

280店舗で37店舗減、ジョナサンが206店舗から188店舗で18店舗減、合計で55店舗減となっている（2022年12月期、2023年12月期の決算説明会資料より）。

また、2024年もこれらの業態は厳しく、3月までで、ガストは5店舗、ジョナサンは8店舗も閉店している。

ただ、興味深いのは、「すかいらーくHD」全体の業績が悪いというわけではないことだ。同じ「すかいらーくHD」の「しゃぶ葉」や「むさしの森珈琲」といった、一品目特化型のレストランや、来店目的がはっきりしているカフェの業績が好調で、グループ全体の業績を支えているからだ。つまり、「一品特化」型のレストランが強いのだ。やはり「選択と集中」をしている業態が勝ち残っているのである。

これは「すかいらーくHD」以外にもいえることで、すでに第3章で取り上げた通り、ファミリーレストランでも、「びっくりドンキー」は「ハンバーグ」という主力商品に特化して、好調な業績を保っているのだった。

飽食の時代のレストラン

日本で最初のファミレスは1970年、府中に誕生した「すかいらーく国立店」である。この段階では、まだ日本の郊外やロードサイドは発展していなかった。また、外食の選択肢自体も限られていて、「いろんなものが、なんでも、安く食べられる」という特徴のファミレスは、こうした時代の日本の庶民の強い味方になった。そこから爆発的に数を増やし、現在に至るというわけだ。

一方で、そのようにファミレスやチェーンレストランの数が増えてくると、当然「いろんなものが、なんでも、安く食べられる」という価値は相対的に低下する。これは、ある程度、日本自体が戦後復興を経て安定し、経済が豊かになっていくプロセスと同調していただろう。そして現在となっては、もはや「いろんなものが食べられる」のは当然のこととなり、それよりも先の個人個人のニーズに合わせたメニュー構成や、劇的な安さを売りにする店、さらにはブランディングを徹底して空間的な魅力を持たせた店などが登場してくる。顕著なのは、いわゆる専門用語で「カテゴリーキラー」といわれる、一品特化型のレストランだ。それこそ第3章で取り上げた「びっくりドンキー」をはじめ、「しゃぶ葉」や「ステーキけん」など、一品目に特化する業態がこれにあたる。

そして、「いろんなものが、なんでも安く食べられる」ことは、逆に「それがゆえに、特に興味を惹きつけられるメニューがない」といったことにつながってしまう。こうなると、ファミレスという空間の特別感、ワクワクする感じは失われてしまうだろう。まさに、テーマパーク性の喪失だ。

モノがあふれ、選択肢が増えた現在において、「ファミレス」という業態は、必然的にその魅力が低下してしまっているのかもしれない。それは、「ニセコ化」とは逆の事態が進行していることも表しているのだ。

なかなかマズい、総合スーパーマーケット

これと似ているのが、総合スーパーマーケット（GMS）の事例だ。食料品や日用品を

はじめ、衣料品・実用品などを総合的に幅広く取りそろえる小売業態のことを指す。「スーパーマーケット」といって思い浮かべる業態全般をイメージしていただければいいのではないかと思う。

このGMSという業態が、現在、苦境に陥っている。というか、もはや「過去のもの」になりつつある。かつて、代表的なGMSとされた、「ダイエー」「ジャスコ」「イトーヨーカドー」のうち、「ダイエー」は経営破綻、「ジャスコ」はどんどんと「イオン」に鞍替《くらが》えして、ショッピングモールの運営を行うようになり、「イトーヨーカドー」もこれから説明するようにかなりマズい状況に陥っている。

ここで具体的に見ていくのは「イトーヨーカドー」だ。このGMSは、2024年の春頃から、北海道と東北、信越にある全17店舗を順次閉店することを明らかにした。さらに、ヨーカドーの親会社で、セブン‐イレブンを運営する「セブン＆アイ・ホールディングス」が2027年度を目処《めど》に、ヨーカドーをはじめとするスーパーマーケット事業を分離することを発表。セブン‐イレブンなどのコンビニ事業に力を入れるらしいが、「ヨーカドーはヨーカドーでがんばってね！」と切り捨てられたようなものである。

イトーヨーカドーの苦境は、いったい何に由来しているのか。

これについては、先ほどファミレスで見てきた「選択と集中がなされていない」という要因に加え、より複雑なことが起こっていると思う。というわけでヨーカドーの歴史を駆け足で見ながら、「選択と集中の失敗」例であるヨーカドーの状況を見ていきたい。

「モノ」なき時代の申し子

ヨーカドーの前身である「羊華堂洋品店」は1920年、東京・浅草に誕生している。創業者は吉川敏雄で、後にヨーカドーを立ち上げる伊藤雅俊の叔父にあたる人物。太平洋戦争ののち、この洋品店を引き継ぐ形で、雅俊は足立区・千住で羊華堂の事業を再開する。

太平洋戦争後の1948年に法人化して、1965年に株式会社・伊藤ヨーカ堂を設立。1971年に、店名をイトーヨーカ堂とする。折しも日本は高度経済成長期の只中《ただなか》にあり、その中でヨーカドーは出店攻勢を続け、大きく営業を拡大していく。1970年代には業務提携に積極的に動き、日本各地のスーパーと手を組む。こうした提携を通して、

イトーヨーカドー大森店

特に関東、東北、北海道にその店舗を集中させていくやり方で成長を重ねていった。

こうしたヨーカドーの成長の秘訣は何だったか。

一つは、ヨーカドーの持つGMSという形態自体が、日本の高度成長期に合致していたことだ。そもそも、総合スーパーが必要とされたのは、まだまだ戦後日本が復興途中でモノの供給量が少なく、一箇所にさまざまな種類の商品が集まっていることに大きな価値があったから。個人で車を所有する人も少なく、今のようにロードサイドを走ってさまざまな店を回ることも出来なかった時代に、「そこに行けばなんでもある」ことが大きな魅力だった。

「なんでもあるが、買いたいものがない」

しかし、時代が移り変わり、いわゆる「カテゴリーキラー」と呼ばれる単一商品を扱うチェーンストアなどが多く出店をはじめる。「ヤマダデンキ」をはじめとする家電量販店や、「ユニクロ」をはじめとする衣料品店などがそれらにあたるだろう。商品の質も、それぞれ単一品種に特化しているからそちらの方がよく、当然、人が流れる。

こうした流れの中で、総合スーパーは「なんでもあるが、買いたいものがない」と揶揄《やゆ》されるまでになってしまう。食品から衣料品、雑貨まで多種多様なものが一つの場所で手に入ることがGMSの強みではあったが、逆にそうした総花的な品揃えが裏目に出たわけである。**まさに商品種類における「選択と集中」が適切に行われないがゆえに、GMS自体の苦境がある。**

そして、ここまでお読みの方ならわかるかもしれないが、その意味で明確にファミレスの苦境と、似た構図を持っている。

実は「選択と集中」型のイトーヨーカドー

もう一つ、ヨーカドーの戦略ミスとして指摘できるのは、立地戦略における「選択」ミス。

実は、ヨーカドーが拡大を行うことができた背景には、「集中」があったという意見がある。

『総合スーパーの興亡』では、ヨーカドーの立地戦略を「集中のイトーヨーカ堂」と呼んでいる。というのも、ヨーカドーの出店方式は、出店地を慎重に選び、なおかつ近隣地域に多数出店する、いわゆる「ドミナント方式」を選択して、その地域での存在感を高めていたからだ（ちなみに、代表的なドミナント方式は、コンビニ。ファミマが通りを挟んで2軒ある光景を見たことがある人もいるかもしれないが、あれのことだ）。特にヨーカドーが狙っていたのが関東圏。現在でも多くの店舗が関東に集結している。かなり客層を「選択」しながら拡大していったのがヨーカドーなのである。

さらに、イトーヨーカドーの立地は基本的には「駅前出店」を柱としている。駅前の一等地に大きく建物を構え、集客を狙うやり方である。そのため、かつては出店にあたって地元商店街や地域の小売店ともトラブルになるケースが多く、１９８４年には『イトーヨーカ堂残酷物語』なる書籍まで出版されたほど。「選択と集中」をしているからこそ、逆に対立構造も生まれたと考えられる。

つまり、むしろヨーカドーは、きわめて「選択と集中」を徹底的に行っていた企業なのだ。しかし、その「選択」が裏目に出た。

商業の中心地は「ロードサイド」へ

どうしてヨーカドーの「選択」は裏目に出たのか。時代が移り変わるのだ。**商業の中心地が駅前から郊外のロードサイドに移り変わっていったのである。**イオングループをはじめとするショッピングモールが郊外に建ち始めた。その中には、専門店（「選択」された店たちだ）がテナントとして入り、地方・郊外に住む人々のライフスタイルパターンに、ショッピングモールに車で行くことが組み込まれた。そんな時代において「駅前出店」が苦しい局面に立たされたわけだ。ちなみに、東京科学大学の柳瀬博一《やなせひろいち》がしばしば指摘しているように、日本で車が普及してから現在まで、その総保有台数は右肩上がりで増え続けており、原理上、現在がもっともモータリゼーションが進んでいるといえる（自動車検査登録情報協会のデータによる）。その意味でも、商業の中心地は明確に「ロードサイド」にある。

ここで起こっているのは「選択と集中」自体が裏目に出てしまった、ということである。第6章でも述べるが、ここに「ニセコ化」の難しさ・問題点の一つが表れる。「選択と集中」をして、その地域を一種のテーマパークにしたところで、時代におけるさまざまな要因で「選択」自体が、間違ったものになってしまうことがある。つまり、「選択と集中のテーマパーク化」においては、絶えずその方向性を確かめ、それが時代に合致しているのかを見定めることが必要なのである。

「選択」で生き残る「ライフ」

この点において、興味深い動きをしているのが、ＧＭＳの「ライフ」だ。この章の「失敗例」から少しだけ外れるが、イトーヨーカドーの苦戦を語るとき、ちょうどよい対比になるから、少しだけライフの話をする。

ＧＭＳであるにもかかわらず、ライフの業績は好調で、２０２３年には営業収益で19期連続の増収を果たしている。中《なか》井《い》彰人《あきひと》はその好調の理由を「主な品揃えを食料品に絞ること」と「関東・関西の二大都市圏に出店を絞る」に求めている（「数あるスーパーで『ライフ』が勝ち残った納得理由」）。

すでに述べてきたように、衣料品や家電など、ＧＭＳが扱う非食料品部門はカテゴリーキラーが強く、ＧＭＳにとって弱みとなっている。**そのとき、まだ勝ち目のある食料品部門の扱いを大幅に増やすことに舵を切ったのが、ライフであった。**つまり、早い段階で「選択」を行った。ＧＭＳは、総合スーパーとして多品種を持つことが強みだったが、そこから脱皮したわけだ。
また、出店立地に関していえば、モータリゼーションの影響を地方ほどには受けない東京・大阪という二大都市圏に集中して出店を行ったことが強みとなった。そうして、ロードサイドのショッピングモールやカテゴリーキラーが猛威を振るう時代においても順調に経営を続けることができたのである。

ヨーカドーにない「ワクワク感」

この点でも、ヨーカドーはどこか中途半端だった感じが否めない。2024年に撤退を決めた北海道、そして東北、信越の店舗はまさに、こうしたモータリゼーションの煽りを受けたのであり、その点で「集中」がライフほどにはうまく機能していなかったことがわかる。こう見ていくと、ヨーカドーの「選択と集中」に足りなかったのは次の二つの方向性だろう。

一つ目は、「選択と集中」を変化させること、二つ目は、「選択と集中」を「徹底」させ

ることだ。

さらには、時代に合わせてすぐに「選択」の変化を行う、企業全体としての行動力の欠如もそこに大きな要因として表れてくるだろう。この点、ノンフィクションライターの窪《くぼ》田順生《たまさき》は「『イトーヨーカドー』はなぜ大量閉店に追い込まれたのか〝撤退できぬ病〟の可能性」の中で、ヨーカドーの撤退が遅れたのを「撤退できぬ病」と名付け、その企業としての保守的な体制を指摘している。

ところで、私が個人的に聞いた話になってしまうので恐縮ではあるが、こうした観点からヨーカドーについての記事を書いたとき、記事の感想として目立ったのが「ヨーカドーってなんか特徴ないんだよな」とか「特に行きたいと思わせないんだよな」というもの。つまり、その空間に行く「特別感」「ワクワク感」がない、と多くの人々から感じられているのだ。

やはり「選択と集中」がなされていない空間においては、そこに行く「ワクワク感」が減少してしまう。さまざまな店やモノがあふれかえる現在、もはやそうした感情的な側面にリーチできない店は厳しい局面に立たされてしまうといわざるを得ないだろう。

ヴィレッジヴァンガードが「マズい」ことになったワケ

この章の最後に見たいのは、「遊べる本屋」として知られる「ヴィレッジヴァンガード」のケースである。本以外にもさまざまな雑貨や食品がびっしりと並べられ、独特の店内を作っているヴィレッジヴァンガード。少しマニアックな本や漫画、何に使うのだかわからない雑貨や、「まずい」ことが押し出されている海外のお菓子……。入り組んだ通路と派手な宣伝POPに囲まれたその店を訪れたことがある人も多いだろう。2024年1月、そんなヴィレヴァンについて、一本のニュースが世間で話題になった。

「ヴィレッジヴァンガードがマズいことになっているらしい」

ヴィレヴァンの業績が、きわめて悪く、近年ではその店舗数も大幅に減らしていることを、その理由とともに考察した記事である。これが大きな話題になった。手前味噌だが、この記事を書いたのは私で、その反響が思った以上に大きく、私はその後も立て続けにヴィレヴァンに関する記事を書いたが、これらの中では「選択と集中によるテーマパーク化」

ヴィレッジヴァンガード本店

という言葉は使っていない。しかし、ここで私が書いた話は、きわめて本書の内容に近く、なおかつ本書での「選択と集中のテーマパーク化」について大きなヒントをもたらしてくれるものである。そこで、改めて「ニセコ化」に絡める形で、ヴィレッジヴァンガードについて書いておきたい。

まず、ヴィレヴァンがどのようにマズいのか。ヴィレッジヴァンガードの2024年5月期の決算を見ると、売上高は約247・9億円で、前期の約252・8億円から約2%の減少。営業利益は9・15億円の赤字で、11・4億円もの最終赤字となっている。既存店の数もここ数年で減り続けており、それによる単純な減収、そして人件費や物価高の影響もあると見られる。この数字を見ただけで、そのマズさの一端がわかるだろう。

ちなみに、売上高ベースで見ると、２０１６年５月期が最高収益で、４６７億５８００万円。ただし、そのときも営業赤字は２億円ほど出ている。２００７年に買収した中南米雑貨の「チチカカ」が、その経営の足を大きく引っ張っていたようだ。その後も黒字化と赤字転落を繰り返し、経営の足取りはふらついている。

詳細な数字を書いてみたが、赤字が11億円、と聞けば「なかなかマズいのでは」と誰しも思うに違いないだろう。

ヴィレヴァン凋落の原因はズバリこれだ

では、ヴィレヴァンはどうしてここまでマズいことになってしまったのだろう。その理由に、「選択と集中のミス」が絡んでいる。私がヴィレヴァンの凋落《ちょうらく》について大きな問題だと考えているのが、以下の2点である。

①ショッピングモールへの過剰出店による「ヴィレヴァンらしさ」の低下（＝「集中」の低下）
②ヴィレッジヴァンガードが持っていた「サブカル」自体の意味の変容（＝時代の移り変わりによる「選択」自体の間違い）

ヴィレヴァンは徹底的に〝サブカル〟な顧客を「選択」していた

まずは①から見ていこう。

そもそも、ヴィレヴァンという店舗を支えていたのは、その店舗空間のこだわり、世界観だった。ヴィレヴァンに入ったことがある人であればわかるだろう。その中は、通路が入り組んで迷宮のようになっていて、一見すると何に使うのだかわからない商品であふれている。**ヴィレヴァンを表す言葉といえば「サブカルチャー」という語に尽きる。**決して、すべての大衆に受けるわけではない、ちょっと横道に外れた「サブカルチャー」、これこそヴィレヴァンがその店舗づくりで意識していたことだ。

その創業者である菊地敬一は、従業員に対して次のような言葉を述べたという。

「本というのは特別な消費財なんだ。まず、本を売ることに矜持を持とう。コンビニで本を買うようなセンスの悪い奴は相手にするな」

(『ヴィレッジ・ヴァンガードで休日を』、p.50)

ここからは、ヴィレヴァンがそこにやって来る客層を徹底的に「選択」していたことがわかる。実際、初期のヴィレヴァンで売られていたもののリストを見ると、きわめてアンダーグラウンドな漫画や小説、その他、決して「万人ウケ」するタイプではない商品がずらりと並べられていたようである。**その結果として、その店内は、どこか猥雑で薄暗いイメージを持つ、まさに現実世界からは遊離した「テーマパーク的」な空間となっていった。**

この意味でいえば、まさに現在の「ニセコ化」というトレンドをしっかりと押さえていた。「選択と集中」はとても上手くいっていた。だからこそ、初期のヴィレヴァンはその勢力を拡大することができたのだろう。しかし、その拡大方法に問題があった。

ショッピングモールへの大量出店が「ヴィレヴァンらしさ」を失わせた

こうした「サブカルチャー」を求める声が多かったのか、ヴィレヴァンは急速にその出店数を伸ばしていく。特に、2000年代を中心として、全国各地にあるイオンモールの定番のテナントとしてヴィレッジヴァンガードは成長していく。ちなみに、2024年1月の段階で私が数えたところによると、全国にあるヴィレヴァンのうち、その約半数がイオンモールに入る店舗となっていた。ショッピングモールは、その多くが郊外立地であり、家族連れが来る場合が多い。となると、なかなかその店舗に「子どもだけ」で行けることは少ない。必然的に少し「尖《とが》り」を減らしたヴィレヴァンがそこに誕生することになる。

そうした意味でヴィレヴァンが初期、強烈に持っていた「毒」(それは「選択」を必然的にしていた)を薄めることになったのではないか。ショッピングモールへの出店は、店舗を拡大していくときに必要なことではあったものの、ヴィレヴァンが行っていた「選択と集中」の効果を弱める役割を果たしてしまったのではないかとも思えてくる。

「毒」がなくなっていった商品ラインナップ

こうしたヴィレヴァンによる「選択と集中」のミスは、出店戦略以外にも多く見られる。例えば、商品選定。**先ほども紹介したように、初期のヴィレヴァンには、決して普通の店では手に入らないような「尖った」商品が数多くあった。**

これも、私がヴィレヴァンについての記事を書いたときの反響として多く聞かれた声で、特に2011年あたりから、本社が主導してヴィレヴァンの店内に置かれているアダルト関連の商品が順次、撤去されはじめた。現在でも、多くの店ではアダルトグッズの取り扱いがなく、ヴィレヴァンのオンラインサイトでの取り扱いがあるのみだ（ちなみに、商品カテゴリは「秘宝館」）。また、SNSではいわゆる「エロ」だけではなく、「グロ」や「ナンセンス」的な商品についても、その取り扱いがほとんど無くなってしまったことを憂う声が多かった。例えばカルト宗教の本や、90年代、若者に絶大な人気を集めた『完全自殺マニュアル』など、いわゆる「90年代サブカル」と呼ばれるカルチャーでよく読まれていた書籍の取り扱いもあったらしい。初期のヴィレヴァンに迫った『菊地君の本屋』の定番商品リストには、90年代鬼畜系カルチャーを先導した青山正明が書いた『危ない薬』も書かれている。

こうした商品の代わりに現在、多くのヴィレヴァンで置かれているのは、VTuberやYouTuberとコラボした商品、あるいは他の店でも手に入る漫画などで、かつてに比べれば確かに「毒」が無くなってしまったといえるだろう。もちろん、時代の流れで、こうした過激なものが置けなくなってしまっている現状はあるものの、冷静に分析すれば、そうした商品ラインナップの変化が、ヴィレヴァンの「選択と集中」を弱めたのは、確かに指摘できるはずだ。

「ヴィレヴァンらしさ」を担保できるキャストも減っている

さらに、ヴィレヴァンの「選択と集中」で考えるべきは、第2章からずっと指摘している「キャストの問題」だ。つまり、そこで働く人の問題である。

ヴィレヴァンでは、創業当時から、そこへ通う客がヴィレヴァンに勤めていく、という流れがあったという。特に創業者である菊地の本を読むと、菊地が始めた店に来ていた客が自然と店員になり、彼らが独立してまたヴィレヴァンを別の場所に開いて……という風に自然に「ヴィレヴァンらしさ」が継承されてきた。例えば、ヴィレヴァンの特徴として、その商品を紹介する黄色いPOPがある。その商品がウィットに富んだ言葉で紹介されているのが特徴だが、このPOPの作り方なども、初期のうちは、自然と伝承されてきた。この意味で「キャストの教育」が自然と行われてきたのだ。

しかし、興味深い話を聞いた。「ヴィレッジヴァンガードを全店まわるひと（ヴィレ全）」として、全国各地のヴィレヴァンをまわる活動をしている人がいる。私は彼にインタビューをしたことがあるのだが、そのときに彼が述べていたのは、そのような「ヴィレヴァン好き」でヴィレヴァンに入り、かつて菊地が目指していたような店舗づくりを自然と継承できるような人が減ってきたということだ。実際、ヴィレ全さんが店舗を見ていると、POPの書き方がわからない若い店員が増えているのだという。さまざまな店員さんから話を聞くうち、そのＰＯＰの書き方を適切に継承する人がいなかったことがわかった、と社員育成の問題を挙げる。「ヴィレヴァンらしさ」を持った人が減少していくのは仕方がない。創業者である菊地が会長となった現在、その姿を直接知り、継承している人は少ないからだ。

しかしそこで適切な教育がなされなかったことで、結果的に、その世界観の「らしさ」を担保する人材が減ってしまった。まさに、これも「選択と集中によるテーマパーク化」の側面が薄くなっていった理由ではないだろうか。第3章で見たように、スタバが業績を回復した際、社員教育の底上げを行ったという事例と対照的な出来事だといえるかもしれない。

メインカルチャー不在時代の「サブカル」とは

さて、ヴィレヴァンにおいて「選択と集中」がうまく機能しなかった例を見てきた。**次は、②ヴィレッジヴァンガードが持っていた「サブカル」自体の意味の変容（＝時代の移**

り変わりによる「選択」自体の間違い）について見ていきたい。

先ほども見てきたように、ヴィレヴァンを支えてきたのは「サブカル」という世界観であることはいうまでもない。

しかし、この「サブカルチャー」という言葉が厄介だ。

サブカルチャーの研究でも知られる劇作家の宮沢章夫が指摘している通り、そもそも「サブカルチャー」は「メインカルチャー」があってこそである。「中心」がないと「サブ＝周辺」は存在しない。

しかし、時代が流れ、SNSを通じて人々の好みが多様化した現在、もはや「メイン」や「A級」という考え方自体が、ほぼ消滅してしまった。1990年代ぐらいまで、カルチャーのメインを作っていたのは、マスメディアだったが、ネットの発達以降、マスメディアの影響力も相対的に低下して、そもそも「サブカル」なる言葉の輪郭が曖昧になってしまった。

そうなのだ、**そもそも「サブカル」自体が曖昧になってしまっては、いくらそこを「選択と集中」しようとも、その店内は曖昧で、どこかぼんやりしたものになってしまうのだ。**

実際、①で指摘した問題のうち、商品構成などは、この「サブカル」自体が曖昧になっていることとも連動していると思う。たとえば、最近のヴィレヴァンでは、YouTuberやVTuberとのコラボレーション商品も多く並ぶ一方、これまで通りのマイナーな文学作品や同人漫画などの取り扱いもあり、かと思えば売れ筋漫画も置いてあるといった風景で、ターゲティングがあやふやだ。「サブカル」という言葉の輪郭が曖昧になるにつれて、その空間の演出も曖昧になってしまう。

「選択と集中」における「選択」したもの自体が、時代の流れとともに変容してしまったことが、ヴィレヴァンに必然的に「選択と集中」から遠ざかる道を選ばせたのかもしれない。

このように考えていくと、ヴィレヴァンの凋落の原因は、「選択と集中」の問題に深く関わっているといえるのだ。しかも、それはもはやヴィレヴァン自体の力ではどうしようもない。時代の力も関わっているから、より厄介だ。

ヴィレヴァンが「選択と集中」を適切に取り戻せるときはやってくるのだろうか。

「ニセコ化」は良いことなのか？

ここまでは、「選択と集中」が適切に行われずに、失敗してしまった国内観光地や、商業施設について見てきた。

この章で書いたことを踏まえると、「選択と集中」が失敗する事情には以下の二つのパターンがある。

①「選択と集中」自体をしなかったパターン
②「選択」をしたものの、それが時代の要求とズレてしまったパターン

単純に分けてみたが、すでにここまで読んでいただいた方にはお分かりのように、この二つは絡み合っている。特にイトーヨーカドーとヴィレッジヴァンガードは、この二つが強く絡み合っている。

こう考えると、「選択と集中によるテーマパーク化」を行うのは、なかなか難しいのだと思える。「選択と集中」を意識したところで、その「選択」自体が時代と合致しているかどうか、それを絶えず考えなければならない。つまり、現在「選択と集中」でうまくいっているように見えても、少し時代が過ぎれば、いつの間にか衰退してしまった……なんてことが起こるわけだ。

本章で見てきたように、「選択と集中によるテーマパーク化」、つまり私たちが「ニセコ化」と呼んでいる現象は、決してすべてが素晴らしいわけではない。

そこで次章では、この「ニセコ化」自体がはらんでいる問題点を指摘していく。ここまで、私はどちらかといえば、「ニセコ化」に対して好意的な立場を取ってきた。しかし、同時に、そこには多くの問題点も含まれていると私は感じている。**そして、それは、現在の日本の都市が抱える大きな問題も映し出していると思われるのだ。**

第６章

「ニセコ化」の裏ですすむ「静かな排除」

居心地の悪さを感じる人たち

前章では、ニセコ化に失敗してしまった観光地や商業施設の例を見てきた。

いうまでもないことだが、すべての「選択と集中」が成功するわけではないし、それは時代の流れにも左右される。イトーヨーカドーやヴィレヴァンのように、「選択」自体が裏目に出てしまうこともある。

このように「選択と集中によるテーマパーク化」は、決してプラスの側面だけを持っているわけではない。本章では、「ニセコ化」そのものが持つ問題点について指摘していきたい。

「ニセコ化」自体が持つ問題点とは何か。それは、次の二つだ。

①一つの「選択」に「集中」するため、時代の変化によって受ける影響が大きい

②「選択」には常に「排除」が伴う

本章では、②の問題を中心的に扱うつもりであるが、まずは①からみてみよう。

一点に「集中」するからこそ、リスキー？

まずは、①「一つの『選択』に『集中』するため、時代の変化によって受ける影響が大きい」ことだ。これは前章で説明したヴィレヴァンの例が顕著に表している。ある空間において「選択」されたものが、時代状況の変化によって機能しなくなったとき、その打撃は大きい。ヴィレヴァンの場合、「選択」したはずの「サブカル」が、そもそもサブカルチャーという概念自体が希薄になったことにより、機能しなくなってしまった。その結果、店全体の業績が低下している。

経営の世界では、こうした「選択と集中」がリスキーなものであることは、常々指摘されてきているが、これは観光地などでも同様だ。例えば、ニセコの例で考えてみよう。

ニセコが、外国人富裕層客に焦点を絞った空間になっていることは、繰り返し見てきた。しかし、2020年に発生したコロナ禍のように、国外移動の制限、外出自体の制限が発生した場合、こうしたインバウンド向けの「選択と集中」の戦略は簡単に崩れてしまう。

実際、コロナ禍において、観光客の激減が日本各地の観光地を襲い、大きな問題になったことは記憶に新しい。

日本の観光地の場合、コロナ以後に観光客数が持ち直し、今ではコロナ前をしのぐ人数になっている。とはいえ、こうしたドラスティックな社会情勢の変化が起こらないとはいえない状況では、常に「選択と集中」は裏目に出るリスクを抱えている。

ニセコ化は、ある一点に観光資源・街の資源を特化させるために、その一点が機能しなくなった場合の損害は大きなものとなる。**ある意味、「賭け」のようなものだともいえるのだ。**

ニセコで日本人は「静かな排除」をされているのか?

さて、次に問題になるのが、②「静かな排除」の問題だ。すでに第1章から指摘している通り、「選択と集中」においては、何かしらの「排除」が起こる。

もっともわかりやすいのが、やはり、ニセコの例だろう。2024年7月に週刊現代に掲載された記事は、少し誇張はあるにせよ、日本人の気持ちを代弁しているかもしれない。

セコすぎる「緑茶おかわり500円、生うに丼2万円」…《北海道ニセコバブル》地元住民が嘆く「日本人など眼中なし」の実情

「日本人など眼中なし」とニセコが語られるとき、常につきまとうのは、こんな言葉だ。

「ニセコは外国人しか相手にしていない」
「日本人には見向きもしていない」

ニセコに関する連日の報道を見るとき、こう思う日本の人は少なくないだろう。その点で「日本人が排除されている」といえるかもしれないが、私はニセコで起こっている「排除」を「静かな排除」と呼びたい。

というのも、当のニセコエリアの行政は、こうした方向性を否定しているからだ。「多様

性」を押し出し、日本人もインバウンドも関係なく楽しめる観光地を標榜《ひょうぼう》するのだ。SDGsという言葉が流行し、「多様性」が時代のキーワードと思われている現代。そんな時代においては当然の理念だが、その思惑とは裏腹に、このような記事が出ていることに注目したい。現実に日本人は「自分たちは排除されてしまっている」と思っているのだ。こう思う段階で「日本人排除」はすでに進んでいる。明言はされないけれど、結果的に排除されているように感じる——だからこそ、ニセコ化によって起こる「排除」を、私は「静かな排除」と呼ぶ。

とはいえ、すでに見てきたようにニセコの活況を支えるのが外国人富裕層に「選択と集中」したことなのだから、「選択と集中」と「静かな排除」のバランスは難しい。

また、こうしたニセコの事例で常に問題になるのが、地元住民との関係である。さまざまなレポート記事でも、急激に地価や物価が高騰するニセコに対して、元から住んでいた地元住民が困惑している様子が報じられることもある。訪日ラボによれば、「このような状況に見切りをつけた住民が持ち家を売り、ニセコ観光圏を出て札幌市などのマンションに移り住むケースも増えて」いる、とのこと。数字で見ればニセコエリアでは人口流入数の方が多いから、そこまでではないと推察されるものの、地元住民との摩擦が完全にないとは言い切れない状態だろう。

「ニセコ化」とは、その地域のある一つの特徴を増幅して、テーマパークのような空間を作っていくことだ。**だからこそ、結果的に生まれた地域の姿は、現実の地域と乖離が生じてしまう。**ニセコに住み、そこを地元とする人にとって、「パウダースノー」とは、ただ日常生活にある要素の一つにすぎず、それがニセコのすべてでないことは明らかだ。にもかかわらず、こうしたテーマパーク化によって、日常生活の多くの部分が排除され、切り離されてしまう。ニセコ住民の困惑があるとしたら、この部分にある。

もちろん、特にニセコの場合、そこが観光地になることによって、地元住民の雇用が増えている現状もあるため、一概にニセコを否定することはできない。ただ、こうした状況によって、地元で生きづらさを感じる人がいることも、また事実であろう。

あらゆるところで「静かな排除」は起こっている

こうした「静かな排除」の問題は他の場所でも起こっている。

例えば、第2章で取り上げた新大久保も同様だ。もともと、そこには多くの外国人が住んでいた。今や韓国のテーマパークのようになっているが、韓国人はその街にいる「一部」にすぎなかった。それが、日韓ワールドカップや韓流ブームを通してフォーカスされるようになり、「韓国」の側面が強調されていった。今や新大久保を訪れる人は、そこに韓国人以外の多くの国籍の人がいることをあまり意識しない。そこを訪れる多くの人にとって、そうした国籍の人々は意識から「静かに排除」されている。

あるいは第3章で取り上げたスタバでも、まさにこのようなことが発生している。

スタバが、そこを訪れる客層をうまく選び、それによってブランディングを成功させてきたことは述べた通りだ。その結果、私たちは、二分されてしまった。**「スタバに行きやすい人」と「スタバに行きづらいと思っている人」だ。**人類はこの2種類に大別されるといってよい。こういうと大袈裟《おおげさ》だが、実際、この本を読んでいる人でも、日常的にスタバに行く人と、ほとんど行かない人のどちらかが多いのではないだろうか。それは、無意識の中でスタバがそこに来る人を選んでいる証拠なのだと思う。

といっても、印象論の域を出ないから、少し補足しよう。数十年前、アメリカのスターバックスを訪れたある人物が書いた記事を見てみる。

名高いフラペチーノ実験の頃のサンタモニカ各店で私は不思議なことに気がついた。同じ時に同じ人がいつも集まる。ちょうどパブやバーと同じように。ある人は新聞を読み、ある人は原稿を書く。お互いがお互いを認識しあっているのはわかるが、滅多に話し声は聞こえない。別々な時間の過ごしかたにもかかわらず感じられる、強烈な連帯感、同一性。滞店時間2分のテイクアウト客にすらそれがある。

（京極一「下方排除と上方排除によって形成される〝同一性〟のなかにわれわれは至福の時間を過ごす」『月刊食堂』1998年9月号）

ここで筆者が感じているのは、スタバに見られる「強烈な一体感」だ。この理由について、筆者はスターバックスが意識的に「客層の排除」を行っていることを指摘する。

店内に置かれたパンフレットを読んでみてほしい。そこでは他と比べてスターバックスが優れている理由が力説される。排除のメカニズムを強化するためである。

あるいはスターバックスに対して終始辛口なブライアン・サイモンも明確にこう述べる。

スターバックス用語は特定の人々を店から遠ざける役割を果たしている。スターバックスで注文をするためにはちょっとした学習が必要である。スターバックスはイタリア語のように聞こえる言葉や独特の文法を編み出したのだが、顧客はあらかじめスターバックスに通う誰かから、そうした言葉の使い方を学んでおかなければならない。その誰かとは、もともと高級で白人が多勢を占める場所を選んで出店していたスターバックスと縁が深いような知り合いなのだ。

（『お望みなのは、コーヒーですか？』p.75）

スタバの店内に行くと、どれだけ「豆」にこだわっているのか、どれだけ環境に配慮しているのかが力説される。あるいはその注文の仕方は独特で、慣れていない人だと怖気付いてしまう。ある種の「選民意識」を喚起するのだ、とこの記事では書かれている。もちろん、スタバは表立って「〜〜なタイプの人は排除していますよ」なんて言わない。まさに「静かな排除」だ。

スタバにおける「静かな排除」を、これらの文章の筆者は敏感に感じ取っていた。

何気なくそこに立っているように思えるスタバだが、そこでも、「選択と集中」の裏側の「排除」が起こっているのだ。

「スタバってなんとなく行かないかも……」という人は、実はスタバが行っている「静かな排除」を受けている人なのかもしれないのだ。

「選択されなかった側」は居心地が悪い

もう少しこの「排除」の問題を考えてみたい。ある空間から「選択」されないと、何が問題なのだろうか。

それは、「選択」されない空間にいることで、「居心地の悪さを感じてしまう人がいる」ということだ。

例えば、先ほどのスタバの例で考えてみよう。どこかスタバにいることに決まり悪さを覚える人がいる。それは、その人自身が、スタバという場所の雰囲気、そこにいる人々との雰囲気の違いを感じて、どこか居心地の悪さを感じるからだ。

これは、例えば街レベルでも同じことが起きる。例えば、新大久保。『ルポ　新大久保』を書いた室橋裕和は、新大久保のコリアンタウンを歩くとき、あまりにもそこが若い女性ばかりであり、どこかよそよそしい心地を感じたと書いている。ここで室橋が感じている「居心地の悪さ」は、（少し強い言葉かもしれないが）新大久保のコリアンタウンが行っている「静かな排除」の表れだろう。この「居心地の悪さ」はどこから来るのか。

私たちは「ニセコ化」を「選択と集中によるテーマパーク化」だとしているが、「テーマパーク」は、その中にいる人々の行動や振る舞い方を決めるような空間だ。ディズニーランドの例を挙げるとわかりやすい。その中では、従業員たちは「キャスト」として、まるで舞台上にいる役者のように振る舞うことを求められているし、客は「ゲスト」として、徹底的にキャストたちにもてなされている役割を演じなければならない。多くの人は、こうしたキャスト／ゲストの役割を演じることをすんなりと行うが、一部の人は、この役割が明確に分かれ、各々が各々の役割を演じることが求められている状況に、どことなく居心地の悪さを覚えるかもしれない。

そして、「ニセコ化」された場所においてはこうした「振る舞い方が決められていること」が多い。それは当然のことだ。なぜなら、その空間は、ある強みに「選択と集中」されており、その強みを増幅させるように作られているから、そこにいる人々に対しても、その空間の雰囲気を乱さないようにしなければならない圧力（しかも、無言の！）が生じているのだ。

ニセコ化では「振る舞い方」を要求される

ここまでの章で断続的に、「ニセコ化」においては、そこで働く人々の存在が重要であることを指摘してきた。新大久保には韓国の留学生が多いこと、スタバがその従業員教育に力を入れていること、ニセコで外国人が多く働いていること。これらは、いわば、テーマパークにおける「キャスト」の問題であり、その空間の「強み」を増幅させるために、そこで働く人々が使われてきた。**それは、そこを訪れる人も同じなのである。**

例えば、「新大久保」という言葉をネットで検索してみると「新大久保に行く時のコーデ」という検索候補が出てくる。そのワードのサイトを見てみると、新大久保に行く時に望ましいコーディネーションや、「韓国ファッション」に寄せたコーディネーションの提案がたくさん出てくる。新大久保に行く時に気をつけたい、いわば「ドレスコード」が暗黙のうちに決まっているのだ。これはわかりやすく、新大久保という街に行くための人のあり方・振る舞い方を決めているだろう。サイトでは表立って書かれないが、そうした格好をしなければ新大久保を楽しむ資格はない、と密かに伝えているのだ。

ゴフマンという社会学者がいる。彼は、人間が社会で生きるときの姿を、「演技」にたとえた。例えば、私たちは会社では会社員らしい振る舞いをする。家庭では家族の一員として振る舞う。会社で部長という役割が与えられている人は、会社では部長らしく威厳を持って振る舞うが、家に帰ったら、心優しいパパ・ママになっているかもしれない。これは、それぞれの人が、それぞれの社会的な役割を、まるで俳優かのように「演じて」いる、と言えるだろう。「ニセコ化」とは、こうしたゴフマンの言う「演技」を極限にまで高めた状態であると言えるかもしれない。「ニセコ化」された空間にいるとき、人は、その空間が要求する役割を演じなければならないのだ。

ニセコ化された空間に居心地の悪さを感じる人は、たとえるなら、全く知らない演劇の舞台に突然放り出されたようなものなのだ。本当に自分がここにいていいのか、そわそわする。どことなく場違いな感じがして、早くここから出たくなる。こうした意味で、「ニセコ化」は、「居心地の悪い人」を必然的に生み出す。

公共空間における「静かな排除」の問題

ここまでの議論を聞いてこう思った人がいるのではないか。

「居心地が悪いんだったら、そこに行かなければいいだけではないか？」

確かに、そうだ。居心地が悪いところに行かず、自分が居心地の良いと思うところに行けばいい。ただ、問題は、ニセコ化が「公共空間」にまで侵食している現状があることだ。

私は、「静かな排除」の問題は、いくつかパターンを分けて考える必要があると思う。というのは、企業や個人が作り出す「私的空間」と国や地方自治体が作り出す「公共空間」とでは、この「静かな排除」の問題の姿は大きく変わってくるからだ。

ここまで説明した例でいえば、スタバが「選択と集中」を行うのは、それが一企業として経済活動を行う以上、当然のことだといえる。スタバは、客を選ぶ権利があるし、それが企業としての利益を上げることにつながるからだ。スタバに行くお客さんにとっても、それは一種の「スタバの価値」につながる。

また、そこに「居心地の悪さ」を感じた利用者がいたとしても、別のカフェチェーン店に行く、という選択肢もある。郊外・地方にも、さまざまなチェーン店が進出している現在、選択肢は多様に広がっており、利用者側もそれを選ぶことができる。

一方で厄介なのは、「公共空間」における「排除」だ。ニセコや新大久保のように、ある街においてこの「排除」が発生する場合は、まさにこのパターンに当てはまる。「街」という空間は、さまざまな人が否応なくそこに住んでいる。「公共空間」の定義を話し出すと、この本では語りきれないほどになってしまうが、ざっくりいえば、それは「さまざまな人が共生している空間」ということだと思う。その意味で「街」とは、まさに「公共空間」で、そこに住む／住まないは、スタバに行く／行かないというような軽い選択ではなく、場合によっては、一生を左右するぐらいの選択だ。例えば、ニセコに住んでいた人が、後からインバウンド観光客の増加に嫌気がさしたからといって、おいそれとすぐに転居する、ということは難しい。そこに昔から住んでいる人はなおさらそうだし、金銭的な問題・親族の問題・子育ての問題など、私たちにはさまざまな事情がある。「居心地の悪さ」をそこで感じてしまっても、なかなか替えが利かないわけだ。

「公共空間」には、さまざまな人が住んでいる。**その点で、そこが安易に「選択と集中」を行い「排除」を推し進めると、「選択」されなかった人たちにとってみれば、その街は非常に居心地が悪く、なおかつ他に行き場を見出せない事態が起こってしまうのだ。**

また、公共空間とは、基本的に、性別・年齢・健康状態等にかかわらず、すべての人が安心して暮らせるような空間である（少なくとも、そういう建前があるはずだ）。本質的には「多様性」を担保するのが公共空間なのだが、その方向性に「ニセコ化」は真っ向から対立する。ここまですでに見てきたように、それは、一つの属性を選択し、彼らに特化する空間作りを行うからだ。

公共施設も「ニセコ化」している

実際、街に限らず、ニセコ化はさまざまな公共空間に広がっている。

特に、私たちが「公共施設」といったとき、すぐに思い浮かべるような「公園」とか「図書館」などといった空間の運営においては、慢性的な人手不足が問題になっており、さまざまな制度によって、その事業の一部を民間企業が肩代わりする例も増えている。公園の整備を、民間で行えるようにするPark PFI制度などがこの代表例だろう。

また、具体的な企業でいえば、レンタルビデオチェーンのTSUTAYAや、蔦屋書店などを運営するCCC（カルチュア・コンビニエンス・クラブ）はこうした公共事業とのタッグに積極的だ。佐賀県の武雄市図書館をはじめ、多くの公共図書館での連携、また香川県丸亀市にある「マルタス」や宮崎県延岡市にある「エンクロス」などの地域交流センター作りでの連携など、さまざまな地方自治体と連携しながら官民一体での空間作りを進めている。

CCCは、レンタルビデオチェーンのTSUTAYAに続き、「プレミアエイジ」に向けた書店である「蔦屋書店」の出店も精力的に行ってきた。その意味では、人々が集まる空間作りのノウハウを強力に持っているといえるだろう。そのノウハウが、こうした公共事業でも生かされた。

例えば、武雄市図書館の場合、スターバックスや書店を併設することや、書架を高くして全体の空間の見通しを良くすることなどの工夫を行い、来館者が3・6倍になったという。その意味で、図書館の賑わいを作り出す点においては成功したといえるだろう。

一方で、CCCによる公共事業には、批判の声も多い。例えば、その選書基準が不明瞭であることや、郷土資料が廃棄され、代わりに関連会社からの古本が購入されたのではないかという疑惑など、企業として「公共性」をどのように担保するのかについての批判が多く上がったのだ。

特に「選書」基準の問題は、「静かな排除」をする上では興味深い点を含んでいる。というのも、「選書」とは書いて字のごとく、「なんの本を選ぶのか」を表すからだ。CCCから「選ばれた」本もあれば、「排除された」本もあるのだ。**この独自の選書基準は、ほとんどの本の分野が網羅された日本十進分類法とは異なり、「ライフスタイル分類」という生活のそれぞれの局面に応じたものになっている。**かなりエッジの利いた分類であり、一部の人からは「調べ物がしづらい」といった声も出てきているという。それだけ人を選ぶ選書だともいえ、「静かな排除」が起こりやすいともいえる。

また、開館当初、武雄市図書館は観光名所的な受け止められ方がされていて、開館当時は、来館者の4割が市外からであったことも報じられている（「スタバ併設、私語OK『市立TSUTAYA図書館』の集客力」日本経済新聞）。地域住民の割合が、他の図書館に比べて少なく、公共図書館というよりも観光地のようになっていた様子がわかる。実際、武雄市の市民からは「住民になんの説明もないまま」でこの計画が進められたことに対して、強い反対意見も出ていた。いわば、地元住民自体を（少し強い言葉かもしれないが）排除してしまうような側面も、武雄市図書館のリニューアルははらんでいたのだ。

私は、このような官民連携による公共施設の全てに反対するわけではない。実際、それによって武雄市図書館には確かに賑わいが生まれ、それまで図書館に来たことのなかった人がそこへ足を運ぶきっかけになっただろうし、そこでのびのびと過ごす地元住民もいる。その施設によって幸せになった人がいるのだ。また、私自身、こうした官民連携施設で働く人々を取材したり、話を聞く中で、企業の中で本気でその地域のことを考え、その施設をできる限り「公共的」にしようとしている人にも出会ってきた。だから、それを一概に否定する気にはなれない。

しかし、こうした官民連携による空間作りでは、どこかで、なにかを「静かに排除」しているかもしれない可能性を常に意識する必要があるとも思うのだ。

公共施設は「公共性」をどう担保すべきか

さて、ここまでは、「ニセコ化」の負の部分として「排除」の問題を書いてきた。そして、それは、特に公共施設が「ニセコ化」するときにおいて大きな壁になることを、いくつかの事例を見ながら考えた。

「ニセコ化」が広がる背景には、モノや情報が社会にあふれ、人々がより自分の好みに合うものを比較し、選択できるようになったことがある。**だからこそ、ある空間に人を集めるには、あるタイプの人々を選択し、彼らに特化した空間作りを行う必要がある。**企業がある程度の利益を生み出すためには、「ニセコ化」は避けては通れない道になっているのだ。人手不足や地方自治体の財政難などのさまざまな要因によって、公共事業に官民連携して取り組まざるを得なくなった現在、公共施設が「ニセコ化」していくこともまた、避けられない流れだといえる。

だとすれば、私たちが考えるべきは、ニセコ化する公共施設において、どの程度まで「公共性を担保できるのか」ということだ。

これを考えるときに取り上げたいのが、第2章でも触れた「MIYASHITA PARK」の問題だ。この事例は、ニセコ化における「公共性」を考えるうえで、大きなヒントを与えてくれる。

MIYASHITA PARKで起こった「排除」

MIYASHITA PARKは、民間と公共機関が協力して生まれた公園だ。渋谷駅の横に立地し、線路に沿うようにしてショッピングモールと公園が一体化している。1〜3階まではショッピングモールになっており、その屋上に公園がある。独創的な鉄骨に覆われた公園で、渋谷の新しい名所の一つになっている。
ここが話題になったのは、その再開発の際に起こった出来事。もともとここは、宮下公園という公園で、そこにはホームレスの人々が多く住んでいた。段ボールやテントを並べ、暮らしていたのだ。公園自体は、木々に囲まれて鬱蒼《うっそう》としていたところであり、渋谷にあって渋谷ではないような、独特の空間になっていたという。一方で、このホームレスたちの存在は、度々問題になっており、何度か行政による立ち退き措置が行われたが、そのとどめがMIYASHITA PARKの再開発だった。その開発によって、半ば強制的な形でホームレスが一掃されたのだ。公園の建て替え工事のためにそこに立ち入ることができなくなり、公園自体が閉鎖されたからである。

こうしたホームレスの排除は、多くの人々によってきわめて批判的に取り上げられた。その背景にあったのは、再開発後のMIYASHITA PARKに見られた「ジェントリフィケーション」的な側面だ。**ジェントリフィケーションとは、再開発によってある地域にブランドショップなどの高級店が多く進出し、そのエリアが高級化すること。**本書で述べる「選択と集中」に近い空間開発の方法だといえる。実際、新しくなったMIYASHITA PARKのショッピングモールのホームページを見てみると「渋谷区立宮下公園や周辺エリアと親和性の高い、ラグジュアリーブランドやストリートブランド、横丁やミュージックバー、シェアオフィスといった多様な価値観やカルチャー性の高い店舗が揃う」とあり、「ラグジュアリーブランド」が押し出されている。例えば、入居する「RAYAR

D」というショッピングモールは三井不動産が運営し、その中にはプラダなどの海外の高級ブランドが入っているわけだ。「ホームレスの人たちの居場所を潰して、三井不動産という一企業の利益に資する、拝金主義のショッピングモールを作るとはなにごとか」というのが、再開発に強烈に反対する人々の主張であった。ホームレスを排除して、街を高級化し、囲い込むことが批判されたのだ（また、それ以前にも、白紙になったものの、MIYASHITA PARKのネーミングライツをナイキジャパンが購入することも検討されており、それに対しても大きな批判が持ち上がった）。また、その開業イベントの際には、警備員が施設に張り付いていることも話題となり、「これが本当に公園なのか」といわれた。確かに、公共空間にもかかわらず、警備員がいて、常に監視されているのは、おかしな話ではある。

このように、MIYASHITA PARKに当初投げかけられた批判の声は、その空間が「選択と集中」を行っていること、それによって「静かな排除」が進んでいることに対する意見として捉えることができる。**さまざまな人に開かれているべきはずの公共空間が、一部の「選択された人」のものになってしまったことが問題視されているのだ。**

ホームレスの人々のことを考えれば、確かにこの批判は妥当だし、「選択と集中」における「静かな排除」という負の側面を顕著に表しているだろう。

前身の宮下公園はどのくらい「公共的」だったのか？

しかし、ここで考えたいのは、そもそも、その前身の宮下公園は「公共的」だったのか？という疑問だ。というのも、宮下公園の姿を見ていると、むしろ、そこはホームレスが「選択」されていた空間だったのではないかとも思えてくるからだ。以前の宮下公園は、どこか鬱蒼として薄暗く、若者たちがふらっと集まるには適さない場所だった。ホームレスが野宿をしていたり、あるいはスケートボーダーの聖地になっていたりして、「どこか立ち寄りがたい場所」というイメージが強かった。今でも、ＳＮＳで検索すれば、かつての宮下公園が「怖い」ものだったと言う人の声が見つかる。

一方、そのような場所だからこそ、生活の場を追われたホームレスの人々が集まることができたし、ちょっと社会からはみ出たような人々（あるいは社会によってはみ出さざるを得なくなった人々）が、そこに集まっていた。ホームレスの人々の集まる場所になったのは結果論だろうが、いずれにしても、そこは独特な雰囲気を持っていたのだ。

宮下公園が、ある種近寄りがたい雰囲気を持っていたことは、アンケート調査の結果からもわかる。株式会社ネオマーケティングの調査によれば、宮下公園の再開発によって、付近のエリアイメージが良くなったと感じる人は回答者の50・6％で、これは都内の他の再開発エリアに比べても、きわめて高い割合だという。いかに、かつての宮下公園に近寄りがたい雰囲気を感じていた人が多いかを裏付けるものだろう。

そもそも、このＭＩＹＡＳＨＩＴＡ　ＰＡＲＫの再開発は、宮下公園が公共空間として人々が集まる空間の役割を果たしていないことを問題視して行われた側面が強い。公共空間としての質が問われて、再開発が決まった経緯もあるのだ。その設計に携わった日建設計の三井祐介は「一つの公園であらゆる『多様性』や『公共性』を引き受けることは困難である。［…］ミヤシタパークが補完している公共性は、確かにあると考えている」と述べている（「解説　ＭＩＹＡＳＨＩＴＡ　ＰＡＲＫの枠組みとプロセス」建築討論）。

ている。

若者がだらだらといることができる場所に変わった

一方、MIYASHITA PARKの現状を見てみると、皮肉とも言えることが起こっている。

というのも、実際にオープンしたその場所を訪れると、特にその屋上公園には、多くの学生や若者たちが集まっている。実際、株式会社ネオマーケティングが実施した調査結果によると、20〜50代でMIYASHITA PARKに一回以上行ったことがある人は、20〜30代がもっとも多く、この施設が若者を中心に利用されていることがわかる。

その要因の一つは、「公園」として無料で入ることができ、だらだらとそこにいることができる空間として機能しているからだろう。また、夜は、TikTokerの聖地とも言われており、若者が、スマホを前にしてさまざまに踊っている不思議な空間になった。都内でも有数の若者が集まる場所なのだ。その意味で、この場所は、ホームレスたちが集まりやすい空間から、若者たちが集まりやすい空間に変化した。また、公園内にはスターバックス

若者が集うMIYASHITA PARK

があり、これも、ここに賑わいをもたらす要因の一つになっている（スターバックスが若者をターゲットの一つにしていることは第3章で触れた通りだ）。さらに、3階のフードコートにもマクドナルドが入っていたりして、若者たちが集まっている。第2章で確認した通り、渋谷自体、再開発の方向性として若い世代を集める街ではなくなってきているが、MIYASHITA PARKは例外的に若い人を集める場所となっているのだ。このように書くと、MIYASHITA PARKは本来の「公園」としてのある種の公共性を体現しているようにも思えるかもしれない。

この場所が取り上げられるとき、ジェントリフィケーションという側面が取り上げられやすいが、その実態を見てみると、そこはどちらかといえば「若者」にフォーカスされた空間になっているのだ。

MIYASHITA PARKにいる若者の写真を撮っている太郎は、次のように若者たちを表現している。

> そこは、特有の雰囲気が持ち、特有の人々を惹きつけ、特有の人々を寄せ付けない。若者たちに愛され、居場所となり、chillでゆるい空間になった。(筆者注:原文まま)
>
> (「『宮下公園』から『MIYASHITA PARK』へ 変遷の歴史」note)

きわめて、感覚的な話になってしまって恐縮だが、私もMIYASHITA PARKを訪れたときに、同じような感覚を持った。昼間から芝生に寝転がり、だらだらとしている人々。特に大きな目的があるわけではなく、そこにいる人々。彼らに、どこか、自分とは異なる、ある強烈な雰囲気を感じたのだ。特に夜のMIYASHITA PARKは多くの人がTikTokを撮影していることも相まって、かなり独特の空間がそこに形成されている。そして、その裏側で、そこからホームレスのような人々は排除された。どこか独特な雰囲気を持った「若者」が「選択と集中」され、ホームレスは排除されたのだ。若者にとっては、新生MIYASHITA PARKは公共的な空間だと思うだろう。一方で、ホームレスからすれば、まったくそのようには見えない。

「みんなが居心地の良い場所」は幻想だ

MIYASHITA PARKの例は、現代において「公共的な空間とはなにか」を考えるうえで、非常に興味深い視点を提示している。

何度も述べるように、現代はさまざまなモノや情報があふれ、個々人に深く突き刺さる選択肢を選ぶことがかつてよりも簡単になっている。逆にそれだけ、個々人の要求は高まっているといえる。そんな中で、ある場所に「居心地の良さ」を感じさせ、満足させるためには、「ニセコ化」が必要になっている、というのがここまでの話だ。**逆に、MIYAS**

HITA PARKの事例を見ていると、「誰かにとっての居心地の良さ」は、「誰かにとっての居心地の悪さ」でもある、といえる。かつての宮下公園が、あるタイプの人々にとっては居心地の良い場所として機能していた一方、その場所に対して「行きづらい」という気持ちを持つ人がいた。一方で、現在のMIYASHITA PARKはそうしたかつて宮下公園にいた人々を排除する形で、別の人々に居心地の良い場所を提供している。

個人の好みが多様化した現在、「みんなが居心地の良い場所」というのは原理上、作れない。むしろ、何かを「排除」することでしか、誰かにとって本当に居心地良く感じる場所は作れないのだ。その意味で、「多様性」などという言葉は、表面上の偽善的な言葉でしかない。つまり、ニセコ化するニッポンにおいて、かつて私たちが使っていたような意味での「みんなが仲良く幸せになる空間」は作れないのだ。この、圧倒的な現実を踏まえて考えなければ、公共性についてのすべての議論は空虚なものになってしまう。

「ニセコ化」時代の公共空間のあり方とはなにか

では、このような時代において、なるべく多くの人が幸せに暮らせるような「公共的な空間」はどのように実現可能なのか。

この話は、ニセコ化するニッポンの現状をレポートする本書の範囲を大幅に逸脱してしまうが、本章の最後に少しだけこの可能性に触れておく。「ニセコ化」自体が避けられない流れなのだとしたら、考えられる一つの方策は、なるべくたくさんの種類の、それぞれに異なる人々を「選択」する施設を作ることだろう。各施設自体が、そこに来る人々を「選択」することは仕方がない。しかし、それでは、そこから「排除」される人が生まれてしまう。そうした施設が一つだけであれば、その地域には、「選択」された人と「排除」された人、という2パターンの人間しかいないことになる。しかし、そうした施設が二つあり、なおかつそこで「選択と集中」されるターゲットを変えていけば、排除される人は減ってくる。**全員が満足できる空間は作れないが、異なる人が「選択」された空間を増やしていけば、総体として、より多くの人の「居場所」を作ることができる。**

その際に、国や地方自治体などの公的機関が行うべきは、そうして誕生した場所のバランスを取ることだ。例えば、若者向けに特化された場所ばかりがある場合は、それ以外の層に向けた場所を作っていくべきだ。あるいは、商業が届かない場所に、それらの機能を補完する施設を作っていくことなどもその「バランスを取る」役目の一つだろう。そうした形で「ニセコ化したテーマパーク」相互のバランスを取っていくのが、公的機関の役割、ひいては政治の役割になるのではないだろうか。もちろん、これはとても単純化された理想論にすぎない。それでも、ただなんとなく「すべての人の居場所を作る」というよりは、セグメント化された施設をたくさん作り、そのバランスを取っていく、ということを目指した方が、現在の消費社会の現状に合っていると思うのだが、どうだろうか。

「選択と集中」は万能ではない

さて、「ニセコ化」の持つマイナスの部分を考えながら、そこに「静かな排除」という側面があり、それが公共施設に広がったときに起こる問題点について考えてきた。原理的には、その地域に住むすべての人々のためにある「公共施設」において、あるタイプの人々にだけ向けられた空間を作っていく「選択と集中によるテーマパーク化」が広がりすぎると、公共が公共としての機能をなさなくなってしまう。一方、公的機関自体の人手不足や財政難による経済合理性の追求によって、官民が連携するまちづくり・地域づくりは欠かせないものになっている。その際、その場所の賑わいを作るために「ニセコ化」が行われるのは、消費社会が成熟し切った現代において必然的なことだ。**もはや時代の必然的な流れの中で「ニセコ化」が公共施設にも抗《あらが》えない流れとして到来したとき、これまでの「公共」概念は変わる。**「みんなのための空間」というような、曖昧なコンセプトは機能しないのだ。

そんななか、より多くの人の幸福に寄与するために公共施設は何をやるべきなのか。私の考えでは、「選択と集中のテーマパーク」をなるべくたくさん作り、なるべく多くの人を「選択」すること、そして、そこで生まれた場所のバランスをとっていくことが、公的機関がやらなければならないことなのではないだろうか。

以上が、本章での主張をまとめたものである。

すでに何度も書いているように「選択と集中によるテーマパーク化」について、私はそれが完全に悪いものだとは思っていない。むしろ、それを適切に行えば、その空間には賑わいが生まれ、あるタイプの人々に居場所ができる。ただし、それが万能だとも思わない。本章で何度も書いたように、それは「静かな排除」がセットだからだ。であれば、それらを適切に調整してバランスを取り、より多くの人が「選択」される空間を作っていくことが、公的機関の今後の役割になるのではないだろうか。

終章では、「誰も『ニセコ化』からは逃れられない」と題して、「選択と集中のテーマパーク化」という現象が、実は、私たち自身のライフスタイルや消費行動、あるいはアイデンティティにまで影響を及ぼしているのではないか、という問題提起を行う。社会そのものが「ニセコ化」する時代においては、私たち個人そのものも「ニセコ化」的な色合いを持った生き方を知らず知らずのうちに選択している。そして、ニセコ化において公共空間に「排除」が生じていたように、私たち自身も「ニセコ化」的な生き方を選択したときに、それを苦しく感じる人がいる。本章は少し大きな話になってしまったので、終章では、ミクロな、私たち自身と「ニセコ化」の関わりについて考えてみたい。いわば、「ニセコ化するニッポン」を私たちはどう生きており、そして、どう生きるべきかについて考えてみたいのだ。

終章

誰も「ニセコ化」からは逃れられない

「推し活」と「キャラ化」で失われたもの

さて、「選択と集中によるテーマパーク化」というキーワードから、日本の観光地や都市、商業施設、公共施設について見てきた。

終章では、「ニセコ化」が私たち「個人」のあり方にも大きな影響を与えていることを示していく。本書のテーマである日本の都市や観光地、商業施設などの「空間」の話からやや逸脱するものの、「ニセコ化」は私たち個人のライフスタイルにも大きな影響を与えている。終章ではその実態を示し、「ニセコ化するニッポン」で私たちはどう生きるべきなのかを考えていく。

「片づけの魔法」という「選択と集中」

2011年に出版され、ベストセラーとなった本がある。片づけコンサルタントである近藤麻理恵（こんまり）による『人生がときめく片づけの魔法』だ。

「片づけをすれば人生が変わる」と説明する本書はシリーズ化され、日本のみならず世界でも大きな反響を呼んだ。本書でこんまりが語る片づけの秘訣は、いたってシンプル。それが、「ときめくものを残し、それ以外は捨てる」ということ。

こんまりの片づけ術は、やましたひでこが提唱した「断捨離」に近い。しかし断捨離がどちらかといえば「何を捨てるか」という「捨てる」ことに焦点を当てていたのに対し、こんまりの本では「何を残すか」に焦点が置かれている。それが、この本の新しさの一つだ。

では、何を残すべきだとこんまりは言うのか。それが、片づけの中で「ときめく」もの。「ときめく」とは、実際に手に取ってみて、直感的に必要だと思う感覚だ。「ときめく」ものだけを選択し、部屋に残すことが片づけだというのだ。こんまりは、次のように書く。

自分が持っているモノ一つひとつに対して、迷いなく「大好き！」と思えるモノだけに囲まれた生活。これこそが人生最大の幸せだと思うのですが、いかがでしょう。

注目したいのは、「『大好き！』と思えるモノだけに囲まれた生活」を提唱していることだ。**あなたが「大好き」と思えるものを「選択」せよ。**こんまりの片づけ術は、実は私たちに「選択」を迫っているのだ。

さらにこんまりは、個々人にとって「ときめく」ものを選ぶと、自分が何に惹かれるのか、ひいては「自分とは何なのか」をはっきり知ることができ、人生そのものの道筋も開けるという。「選択」の結果、「私らしさ」が見えてくるわけだ。そうすると、こんまり流の片づけでキレイになった部屋は、「自分らしさ」が集中された部屋だということになる。

「自分らしさ」が「選択と集中」された部屋こそ、こんまりが説く理想の場所なのだ。

これは、「ニセコ」において、パウダースノーという「ニセコらしさ」が発見され、それに特化した空間戦略が取られていくことと似ている。もちろん、こんまり自身は、このことを意識したわけではないだろう。「生粋の片づけ好き」として得た知見を書いただけだ。ただ、こんまりの本が「ニセコ化」と近い展開を見せるのは、ある程度必然性がある。この本で繰り返し述べてきたように、現代社会はモノと情報があふれかえっている時代である。そんな状況の中で、人々はより「自分らしい」ものを企業にも求めるようになったし、自分自身の生活にも求めるようになった。だからこそ、商業施設や都市はそのニーズを満たすために「選択と集中」をするのだし、個人の意識としても「選択と集中」を求めるようになった。「こんまり現象」がそんな時代を表しているのだ。

「推し活消費」でアイデンティティを保つ人々

我々の消費生活においても「ニセコ化」は進んでいる。

例えば、電通が行った消費に関する調査を見てみよう。電通では我々の消費生活の姿をいくつかの項目に分けて年ごとに紹介しているのだが、このリストに近年加わった消費の形態が「資本集中型消費」である。**これは、読んで字のごとく、自分がハマっている一つのコトやモノに、集中的にお金を費やすことだ。**

こうした背景には、（物価高とはいえ）チェーンストアの普及によって、生活必需品を安価で済ますことができるようになったことがあるだろう。例えば、食べるものや着るものについては、ある程度は高品質なものが、それなりの値段で手に入るようになった。着るものはユニクロ、食べものはチェーンレストラン。それよりも自分がもっと深くコミットしたい「推し」にお金を使う。こうした消費形態は一般的になっているだろう。

まさに、自分の興味のあるコトやモノ、体験のみで生活を構成する「選択と集中」的な消費動向の表れを、調査の結果は示している。

今、資本集中型消費を説明する際に、「推し」という言葉を用いた。ここ数年ですっかりお馴染みの言葉になった「推し活」は、「資本集中型消費」と相性がよい。そして、それは典型的に「選択と集中」の産物でもある。これは、2021年に新語・流行語大賞にノミネートされた言葉で、自身がハマる人やモノについて、それに深く関わり、周囲にその良さを広めていく（推す）消費のあり方を表している。

「推し活」では、特定の「推し」に対して多額のお金や時間を消費していく。まさに「選択と集中」をしていくのだ。

しかし、「推し活」の文脈でそれ以上に重要なのは、それを「推す」ことによって、それを推す個人が何者なのか、というアイデンティティ（その人らしさ）までもが担保されることだ。そもそも、「推し」という言葉は（「推薦」という言葉があるように）、周囲の人にそれを薦める、という意味がある。ただ個人がそれを好きなだけでなく、他者とのコミュニケーションにまで影響を及ぼすのが「推し活」で、「それを推している自分」が他人から見た「〇〇さんらしさ」になる、というメカニズムを持つ。何を推すのかという「選択と集中」によって、「その人らしさ」、もっといえばその人を作る「世界観」を生み出すのだ。その意味で、やや比喩的な表現にはなるものの、「推し」というのは、その人の世界観を作り出す「テーマパーク」的な働きを生み出しているともいえるのだ。

人生のバランスを崩す「ホス狂」の人々

一方、こうした過度な「見られている」社会において、個人が「選択と集中によるテーマパーク化」を進めていくことは、もちろん弊害も生み出す。

ライターの佐々木チワワは、歌舞伎町界隈《かいわい》に生きる人々への取材を通じ、現代の消費社会の姿を切り取っている。中でも、「ホス狂」と呼ばれる、ホストクラブに通い続ける女性については、精力的に取材を続けている。「ホス狂」たちは、「推し」のホストに対して、連続して指名するだけでなく、シャンパンを入れる、あるいは同伴を行うなどして、月に何百万というお金を貢ぐこともあるという。まさに「資本集中型消費」を行うのだ。しかし、その一方で、自身の払える能力を大幅に上回った額の消費をした結果、風俗店で働かざるを得なくなるなどの問題も多く起こっているという。

佐々木が指摘するのは、こうしたホス狂の人たちは、ホストにお金を使うことでしかアイデンティティを確立する場所がないことだ。人よりも推しに貢ぐことで、自己のアイデンティティを確立しているのである。彼女たちにとっては、「選択と集中」が自己のアイデンティティ、つまり「らしさ」に直結している。しかし、その「選択と集中」が、彼女たちを追い詰めている。

第6章で「ニセコ化」は、何かを「静かに排除」するのだ、と書いた。**ホス狂は、アイデンティティを確立するために「推しに貢ぐ」以外の様々な可能性を自ら排除してしまっているのかもしれない。**その結果、人生のバランスを崩してしまっているわけだ。個々人の消費における「ニセコ化」の問題のわかりやすい例が、ここに表れている。

ここで重要なのは、「推し活」全体に対して否定的になるべきではないことだ。本書で何度も書いたように、「選択と集中によるテーマパーク化」は多くの幸せを人々にもたらすことも確かである。ホストを推すことによって精神的な充足感を得ている人もいるし、「推す」ことによって起こるメリットの方が大きいかもしれない。

一方で、「選択と集中」には必ず「排除」が付きまとっていることも確かだ。つまり、それはどこかバランスを崩した状態でもある。だからこそ、常に、その生き方において、なにかを「排除」しているかもしれない可能性を考えておくことも必要なのではないか。

「推される側」、アイドルのキャラ問題

「ニセコ化」は、「推し活をしている」人にだけ見られるわけではない。むしろ、そこで「推される側の人」もまた、強くこの「選択と集中」の渦中にある。顕著なのがアイドルだろう。

主人公がアイドルの子どもとして生まれ変わり、芸能界のさまざまな局面を体験していく漫画『推しの子』は、テレビアニメにもなり大流行。実写映画も作られている。主人公の母親で、かつてのトップアイドル・星野アイは、アイドルという職業を指してこう言う。

「嘘はとびきりの愛なんだよ」

ここには、アイドルという職業が、「フィクション」であり、ファンに対して見せるべき面のみを見せる職業だということが表れている。ファンが望む姿を徹底的に演じるのが「アイドル」なのである。その意味で、まさにアイドルとは、「選択と集中によるテーマパーク化」の時代を顕著に表す存在だといえる。

アイドルは、何を「選択と集中」しているのか。それは「キャラ」である。ある一つのキャラを演じる存在として、それを演じきらなければならない。本来、人には複数の側面がある。それは、アイドルも同じだ。**しかし、アイドルの場合、その側面の中から、引きが強そうなもの、あるいはグループアイドルの場合は他のメンバーと「キャラかぶり」しないようなキャラを選択し、それを徹底的に強調する。**「ニセコ化」と同じだ。元々の土地の強みを見つけ、その強みを増幅させていくように、アイドルもまた、その人物固有の「キャラ」を増幅させていく。

アイドルが作るフィクションはテーマパークと同じ

こうした「キャラ」の増幅が「選択と集中」であるならば、そこでも「静かな排除」は起きるはずである。実際、２０２０年代には、さまざまなアイドルグループが誕生するにつれて、アイドルが持つ「ニセコ化」の側面が、批判に晒される場面も増えてきた。

先ほども指摘したように、アイドルとはフィクションである。そしてファンは、そのアイドルの「選択と集中」された一側面を消費している。アイドル側も、そうした消費を促すように、自らに明確な「キャラ付け」を進める。

しかし、それは実人格とは遊離したフィクションだ。つまり、本書の言葉を使うなら、アイドルは、人間として持っているさまざまな性格を「排除」することによって、一つの「キャラ」を作ることによって成立する。そうなると、当然、アイドル側としては、その作られたキャラと、本当の自分との乖離に悩まされることになる。

引退したアイドルが、「アイドルとしての自分」と「本当の自分」の乖離に悩まされてい

たことを告白するのは、珍しいことではない。

ファンはファンとて、その「選択と集中」された姿に熱狂しているのであり、「推し」への熱が強まれば強まるほど、この乖離をもっと生み出してしまう。エッセイストであり、自身も熱狂的なアイドルファンだという犬山紙子は、こう書いている。

> 属性や記号を思うがままバクバク食べ続け、肥大化している虫。アイドルを推している時、ふと自分がそう見えてしまう瞬間がある。
>
> （『エトセトラ VOL.8』）

「属性」や「記号」とは、言い換えればそのアイドルの「アイドルらしさ」だろう。つまり、「選択と集中された一側面」である。それを虫のように食べ続けているのがアイドルファンなのではないか、そう犬山は書く。

このようなファンの期待を受けて、アイドルは、さらに自分自身を「選択と集中によるテーマパーク化」の中に押し込もうとする。それは一種脅迫的なものになり、アイドルたちを苦しめることにつながってしまうだろう。

もちろん、ここでも、アイドルという存在全体を否定することはできない。犬山が同じエッセイで「アイドルがどれだけの人に生きる希望を与えたのだろう」と書いている通り、その存在がプラスに働くことはあまりにも多い。だからこそ、アイドルがどのように「選択と集中によるテーマパーク化」を進めていて、そこで何が「排除」されているのかを、しっかりと見据える必要があると思うのだ。

「キャラ化」とは個人の「ニセコ化」である

アイドルに限らず、「キャラ」という視点から見れば、そもそも現代人はみな、この「キャラ」という名の「選択と集中」に囲まれているといってもいい。学校でも職場でも、私たちは普通に「あの人は〜〜キャラだよね」という言葉を使うようになった。こうしたキャラ付けは、適度にコミュニケーションを円滑にするから、悪いことではない。

しかし、これが極端になれば、やはり人間は本来の姿と「キャラ」の姿との乖離に悩まされる。

そもそも人間に「本来の姿があるのか」と考え始めると難しいが、少なくとも現代社会におけるコミュニケーションのあり方が、「人に見せる／見られている」ことを前提としており、その意味で、その「人に見せるための姿」を演じなければならないことで疲れてしまう人がいるのは確かだろう。

こうした、個人の「ニセコ化」を促進しているのは、SNSの発達である。ネット空間、さらにはSNS空間の発達によって、個人はその生活の至る所を他人に「見られる」ようになった。

土井隆義は、特に2000年代以降、子ども達の「キャラ化」が進んだことを述べ、その象徴として携帯電話でのコミュニケーションを挙げている。携帯電話によって起こる対人関係によって、子どもたちの中では必然的に「外に向ける自分」への関心が高まる。そうした「どう見られるか」の意識を携帯電話が強化したという側面がある。これは、携帯電話がスマホになり、さらにはSNSが生活を覆う現在、さらに強まっているだろう。より多くの「ライク（いいね）」を獲得するために、積極的に自分自身の生活や考えをSNS上で見せていく。その際に、その人の「キャラ」がわかりやすく、かつ一貫していることは、非常に重要だ。その人のことをラベリングできるからだ。

キャラに閉じ込められる現代人の「SNS疲れ」

X（旧Twitter）のフォロワー数13万6千人を誇る「バズツイッタラー」としても知られ、現在では小説家としても活躍しているカツセマサヒコは、SNSでフォロワー数を伸ばすコツとして、こう述べる。

「Twitterのアカウントってフォロワー目線で考えると〝単行本〟が望ましいんですよ。ひとつのテーマについて呟いてくれていたほうが、読者もキャラクターがわかりやすいからフォローしやすい。でも、フォロワーが増えないTwitterアカウントって「ONE PIECEの単行本です」って書いてあるのに、こち亀やNARUTOの話が混在しているケースが多くて。グルメアカウントが恋愛の話をしたら、その瞬間に単行本ではなくなって、一気にフォロワーが減ると思うんですよね。

（「カツセマサヒコの終わりなき旅　独立という選択。〝メディア〟として生きる覚悟」キャリアハック）

ここで述べられているのは、ＳＮＳにおける「キャラ」作りの重要性だ。人々はＳＮＳ上において、人に見せたい「側面」を積極的に演じて見せていく。

しかし、本来、人間とは、ある一つの「キャラ」だけで語れるような、単純なものではないはずだ。けれども、ＳＮＳで常につながり、コミュニケーションが行われる時代においては、あえてそうした複雑な部分を排除し、「キャラ」という形でわかりやすく人に見せる傾向が強まっているのではないだろうか。こうした「ニセコ化の強制」は、現代人の大きな問題である。

近年、度々話題にあがる「ＳＮＳ疲れ」もそうだろう。これは、「人に見せる姿」と、そうではない自分の姿の乖離から起こる現象だ。常に人から見られていることを意識せざるを得ない「選択と集中」はエネルギーを使うものだし、自分の本当の姿を見せることができないもどかしさもある。その意味では、「ニセコ化」する人々が抱く悩みの一つが「ＳＮＳ疲れ」なのだ。

本書ではニセコ化を「空間」の問題として語ってきたが、それは同時に私たち個人の問題でもある。

新しい青春小説、「成瀬」シリーズの魅力とは

「ニセコ化」による人々の疲弊は、ある作品のヒットからも推測できる。

2024年に本屋大賞を受賞した『成瀬は天下を取りにいく』である。この作品はシリーズ化もされ、2024年7月現在で、累計80万部を誇る。この作品で主人公の成瀬は、とにかく自分のやりたいことをやる。あるときは、閉店間際の西武大津店に毎日通うと宣言してみたり、ある時はM－1グランプリに出てみたりと、我が道を行く。文芸評論家の三宅香帆は「成瀬」シリーズの魅力を、従来の青春小説と比較しながら語る。これまでの青春小説は、思春期特有のアイデンティティの悩み（人からどう見られているのか）を描いてきた。しかし、成瀬シリーズでは、人目を気にせず、やりたいことに向かって徹底的に突き進んでいく主人公が描かれている。そこに、成瀬シリーズの新しさがある。

本書の内容に照らし合わせるならば、「選択と集中によるテーマパーク化」が広がり、それによって疲弊する人々に対して、それとは反対の道を行く主人公が読者の心を強烈につかんだのだ。

ちなみに、作中で成瀬は、閉店間際の西武百貨店へ通いつめる。百貨店という形態もまた、かつては人々の憧れのような存在で、そこに行けばなんでも欲しいものが手に入る場所だった。

しかし、現在となっては、「なんでもあるような中途半端な店」という扱いになってしまった。都心にある百貨店がインバウンド向けに「選択と集中」をして利益を上げている以外、地方では、いまいちパッとしない存在、そう、まさに「選択と集中」ができていない施設になってしまったのだ。だからこそ、作中の舞台である大津の西武も閉店してしまうのだが、そんな「選択と集中の失敗」ともいえる西武を成瀬が応援するのは、当然のことなのだ。成瀬は「選択と集中」しないものの象徴的な存在で、「ニセコ化」が広がる現代においても、そうではない価値観を支持し、提示し続ける存在でもあるからだ。

「ニセコ化」とは異なる価値観を提示しているのが、成瀬シリーズの魅力だと、私は考え

ている。

「ニセコ化」するニッポンで私たちはどう生きるか

「ニセコ化」をキーワードに、現代の私たちのライフスタイルや消費、コミュニケーションスタイルが、いかに「ニセコ化」に覆われているのかを見てきた。また、そのアンチテーゼとしての「成瀬」シリーズについても、少し触れた。

何度も繰り返すが、私は「ニセコ化」のすべてを否定するわけではない。それには良い面もある。一方で、本章でも見てきたように、ある種、人間を一つの枠の中に押し込めてしまう力も持っている。「静かな排除」の側面だ。だからこそ、「ニセコ化」を肯定しつつ、しかし別の価値観を持っておくこと、あるいはそうした価値観が広がることも必要だと考えている。その一つのきっかけが「成瀬」なのではないかと感じている。

第6章の最後で私は「今までのような意味での公共空間は作れない」という旨のことを述べた。ある意味で「ニセコ化」が進んでいくのは必然的なことで、それを前提とした空間設計の重要性を提唱した。ただ、「個人」に限って見た場合、本章で書いてきたように「ニセコ化」を常に疑い続け、「ニセコ化」ではない生き方や価値観を探ることもできるはずだ。

私（たち）は、何を「選択と集中」し、それによって何を「静かに排除」しているのか。

これは、本書を通してずっと述べてきた、一種の「公式」だ。不十分なところはあるかもしれないが、さまざまな事象に対してこの公式を当てはめてみると、ニセコ化による良い面と悪い面の両方が見えてくるだろう。もし、「ニセコ化するニッポン」で私たちが生きていかなければならないのだとしたら、常にこの公式で社会や私たち自身を立体的に見ていくことが必要ではないか。そこに、新しい「可能性」があるはずだ。

「ニセコ」というきわめて限定的な地域を見ることから始まった本書も、この辺りで終着点となる。

私は「はじめに」で「あなたの周りにも、『ニセコ』はある……」と書いた。ここまで読んだあなたには、この言葉の意味がよくわかっていただけたのではないだろうか。

「ニセコ化」とは、現代の日本の観光地や都市、商業施設、そしてそこで暮らす人々の価値観や行動様式、消費などを映し出している、いわば「現代の鏡」なのだ。

おわりに
「ニセコ化するニッポン」をポジティブに生きるための三つのヒント

社会は分断されている

書籍も含めたさまざまなメディアで文章を書くようになってから、数年が過ぎた。特にウェブ媒体の記事を書くことが多く、その中で「こういうものを人は読みたいのか」と気付く場面も多くなった。

中でも特に人々の関心を引くのが、社会における「分断」の問題だ。

「上級国民」という言葉が象徴的だろう。この言葉は、新語・流行語大賞に2回もノミネートされているが、富裕層とそうではない層の分断がはっきりと意識されている。

本書で取り上げたニセコをはじめとするインバウンド観光地がここまで大きな注目を集

めるのも「富裕層のインバウンド観光客」と「貧しい日本人」という分断が意識されているからだ。

もちろん、これらはメディアが話題づくりのためにわざと対立図式を作って「盛って」いる側面もある。しかし、確かに「一億総中流」と言われた時代から、さまざまな側面で格差は進行し、諸外国との経済力の差も生まれはじめている。だから、こうした分断もあながち間違いではないのだろう。

本書『ニセコ化するニッポン』は、こうした「分断」の時代における都市のあり方を考察したものだ。

ニセコでは、富裕層の外国人観光客向けに「選択と集中」が起き、観光地そのものがテーマパークのようになっている。そこでは、日本人に対する「静かな排除」が起きていて、「あなたたちはお呼びでない」という「分断」を否応なしに感じることになる。

インターネットがもたらした「交わらない世界」

社会の分断と言ったときに、真っ先に思い浮かぶのはSNSをはじめとしたオンラインの空間のことかもしれない。いわゆる「フィルターバブル」という現象では、人はこれまで自分自身が検索した言葉や端末上の振る舞いから、その個々人に最適化された世界が構築されていく。例えば、ユーザーが女性でインスタグラムでスイーツのお店をよく調べているのだとしたら、その女性のスマホには美味しそうなスイーツの広告が出てくるだろうし（時たまダイエットの広告も出てくる）、SNSでは同じようにスイーツ好きなユーザーがレコメンドされる。まるで世界が「スイーツ好き」でできているような、そんな感覚を女性は覚えるだろう。彼女が見るコンテンツは、彼女自身の好みが「選択」され、そして「集中」的に似たようなものがレコメンドされてくる。

今言ったような例は些細なものかもしれないが、これが政治思想や陰謀論になってくると、話は少しばかり大変になってくる。ある政治思想を持った人のスマホには同じような考え方の人が集まってくるし、陰謀論を信じている人のスマホには同じように、それが世界の真理だと思っている人の存在ばかりが出てくる。

そもそも、インターネットをはじめとした情報端末は理念的には「世界を平等」にするものだった。世界のどんな場所にいようが、どんな人種だろうが、どんなセクシュアリティだろうが、同じ情報にアクセスできる。初期のインターネットが既得権益を持つ人々に対するカウンターカルチャーとしてはじまったのも、そんなインターネットの性格をよく表している。

しかし、今やインターネットは、それぞれの現実を持つ人々がそれぞれに交わることなく、それぞれに見合った無数の世界を作り出しているに過ぎない存在になってしまった。

『ニセコ化するニッポン』は、SNS時代の都市論である

都市社会学者のマニュエル・カステルは「空間の変化は社会構造における変化の明細書として分析されなければならない」と言った。少し難しい言葉だが、簡単にいえば、社会の変化は都市の変化として表れる、ということだ。社会の変化は目に見えない。けれども、それは都市の中に「見える形」で表れる、というのだ。

カステルの考え方を応用するのならば、インターネットの浸透という目に見えない社会的な変化が、今、まさに現実の都市で可視化されはじめているといえる。それぞれの端末で「選択と集中」が起こっているように、ニセコをはじめとしたさまざまな場所で「選択

と集中」された場所が生まれ、各々の属性における「テーマパーク」が生まれているからだ。まさにインターネットがもたらしている「分断」が、そのまま都市空間の「分断」として表れている。

本書では、こうした都市空間の変容を「ニセコ化」と呼び、その実相に迫ってきた。いわば、これは「SNS時代の都市論」とも言える。

本論ではあまり強調はしなかったが、ここで改めてこの点を主張しておきたい。

「ニセコ化するニッポン」を生き抜くヒント

では、こんな「ニセコ化するニッポン」を私たちはどのようにして生きていけばいいのだろうか？　あるいは、「ニセコ化するニッポン」でビジネスをしなければならない事業者はどのようなことを意識する必要があるのだろうか。

私自身、この疑問に対して、現段階でしっかりと答えられるかまだ心許ない。しかし、暗い話題ばかりではなんだか後味も悪いし、実は本書の中にもこうした時代を生き抜くヒントがちりばめられているので、それらを改めてまとめてみたい。

①知る
②深める
③(行動する)

まとめると、以上の3点である。それぞれ見ていこう。

①知る

まずは、「分断」がどのように起こっているのかを知ろう。所得階層、ジェンダー・セクシュアリティ、年代、趣味・嗜好……、それらがどのように私たちが住んでいる都市を分断しているのか。ある悩みを言語化できただけで、自然とその悩みが消えるように、今まで気付いていなかった分断に気付くだけで、なぜか頭がスッキリして、心が晴れることもある。

一つ例を挙げてみよう。近年、電子マネーなどのキャッシュレス決済がどんどん広がっている。店によってはキャッシュレス決済しか使えないところもある。別になんてことはないのだが、私はなんとなく「キャッシュレスオンリー」の店が増え続けることに、ちょっとした違和感を感じていた。

そんなことを思っていたときに、TBSポッドキャストで配信されている速水健朗《はやみずけんろう》の「これはニュースではない」を聞いて、この違和感が解消された。そこでは、速水が最近よく訪れるという日本橋《にほんばし》のCOMMISSARY（カミサリー）というフードコートが紹介されていたのだが、そこはキャッシュレスオンリーで店内には外国人が多いほか、若年層が多いという。これを通して速水は「支払いのシステムで高齢者のお客さんをソフトに選別している可能性があるんじゃないか」と述べる。さらに、高円寺のように相対的にチェーン店が少なく、現金支払いの店が多い場所を好む層と、そうではない層の二つのレイヤーで街が構成されているのではないか、と続ける。まさに「キャッシュレス」というデジタル技術自体が、「静かな排除」と「分断」をひっそりと引き起こしている可能性を指摘しているように、私は感じた。キャッシュレスオンリーの店が増えることは、結果的に街の多様性を失わせてしまうかもしれないのだ。そこに私の小さな違和感の原因があった。

こんな風に、書籍やウェブ記事、あるいはポッドキャストをきっかけに、分断の様子に気付くことができる。本書で書いたことも、その一助になれば幸いである。

②深める

もし分断に気付いたら、その「解像度」を上げていくことも必要である。これが「深める」ことだ。特にビジネスを行う人の場合、「深める」作業は自社コンテンツのターゲットを定め、彼らを満足させたり、彼らに刺さる自社のストーリーを構築していったりする際には欠かせない作業となるだろう。

例えば、そこでは「誰と誰」の分断が起こっているのか、それはいつから起こっているのか、その分断は社会にマイナスの影響をもたらすのか、むしろ分断されたままの方がいいのか……などなど、深める視点はたくさんある。

特に本書でも繰り返し述べた通り、「ニセコ化」といっても、その空間の賑わいを創出するようなプラスの側面もあれば、ジェントリフィケーションに通じるようなマイナスの側面を持っている場合もある。単に「分断されているから良くない」と断じるのみで、それがどのような影響を与えているのかを捉えない限り、「ニセコ化」時代を乗り越えることはできないだろう。

また、企業やメディア、あるいは地方自治体の広報については、近年流行している、「SDGs」や「ESG」、「ウェル・ビーイング」、そして「多様性」「包括性」といった、「みんなのため」的なキレイな言葉に惑わされすぎないことも非常に重要である。こうした言葉の美しさとそれゆえの茫漠《ぼうばく》さに隠れて、自社コンテンツ、あるいは地域のコンテンツの魅力を「誰に届けるべきなのか」がわからなくなってしまうことがあるからだ。

もちろん、こうした言葉を軸にブランディングを固めていくこともできる。例えば、本書の内容でいえば、スターバックスがこうした言葉を軸にある種の「顧客の選択」を行っているように、これらの言葉についてもその効用を吟味した上で活かせるならば意欲的に使っていくべきだ。

しかし、例えば「安売り」を軸にする飲食店が急遽《きゅうきょ》こうした言葉を前面に押し出したブランディングを行ったところで、「そんなことより安く食べたい」というメインの顧客層の要望を無視してしまうだけだ。結果的に、顧客離れを引き起こす結果にしかつながらないだろう。

SDGsに代表される「企業の社会的責任（CSR）」に対する要望は日に日に高まっているため、これらを無視することはできない。ただ、その中でも厳然たる事実として分断が深まっていることへの解像度を上げて、それに対処する必要がある。

③（行動する）

最後は、（行動する）である。なぜカッコ付きかといえば、①と②の結果を踏まえて、行動しない、ということも一つの選択肢になるからだ。例えば、個人であれば分断を知るだけで、違和感が解消されスッキリするかもしれない。であれば、それで良い。一方で、分断によって明確な不利益を被っている人がいる場合は、それに対する対応が求められてくるだろう。ただ、実はこうした問題はほとんど政治の問題へと移行していく。実際、本書でも述べた通り、「ニセコ化」時代における公的機関の役割はこれまでとは変わっていくだろう。そのときに政治に何を期待し、何を要求していくのか、これは私の中でもまったく答えが出ていないけれども、考え続けるべきだと思っている。少なくとも、分断によって不当な位置に置かれている人がいて、それを看過できないのであれば、政治に対して声を上げていくことも一つの手段となるだろう。

ちなみに、本書を書くこと自体が私にとっての「行動」である。本書でも述べたように、少なくとも私は「ニセコ化するニッポン」に対して問題意識を持っている。それは個々人の属性や趣味嗜好に「選択と集中」された空間ばかりが広がることによって、本来その個人が出会えたはずのさまざまな可能性が閉ざされてしまっているようにも思うからだ。だから、あえて本書は、そこまで意識的に「選択と集中」をしていない。話題はニセコにとどまらず、日本全国の観光地や商業施設、チェーンストア、さらには推し活まで、広い範囲にわたっている。私は批評家ではないが、結果として少し「批評」的な色彩が強くなった。

だから、「ニセコの現状についてもっと詳しく知りたかったのに！」という人には不十分な本になってしまったかもしれないが、そこは上記のような意図があることをご承知いただきたい。

以上の三つのプロセスを説明してきたが、核となるのは「分断をポジティブに捉えること」だと思う。一般的に分断というと、ネガティブな印象ばかりが付いてしまうが、それに囚《とら》われすぎず、その分断の諸相をフラットに、明るく考えること。ここから、「ニセコ化時代」を悲観しすぎず、楽観しすぎない乗り越え方が生まれると思う。

こうした「ニセコ化時代の生き方」含め、本書では、あまりにも書けなかったことが多い。というか、書けば書くほど「これも書きたい、あれも触れなくては……」と思うことがどんどん出てきてしまう。しかし、「締め切りが作品を作る」という座右の銘に忠実に従い、とにかく一冊の本として完結させた。まだまだ不完全燃焼な部分も多い。それらの部分は今後の私の「行動」で補っていきたいと思う。

最後に、本書の成立に関わってくださった全ての方に感謝を申し上げたい。特に編集として伴走してくれた野本有莉さん、本書のアイデアの元となる原稿の編集を多く担当してくれた岡本拓さんには深く御礼を申し上げる。

二〇二四年十二月　谷頭和希

載、九月十八日更新（https://corp.neo-m.jp/report/investigation/life_071/）

三井祐介「解説　MIYASHITA PARKの枠組みとプロセス」建築討論、二〇二一年八月三日掲載（https://medium.com/kenchikutouron/解説-miyashita-parkの枠組みとプロセス-2eb984961f76）

太郎「『宮下公園』から『MIYASHITA PARK』へ 変遷の歴史」note、二〇二一年十一月四日掲載（https://note.com/ceramy_ty/n/n78b09605008a）

終章

近藤麻理恵『人生がときめく片づけの魔法』サンマーク出版、二〇一一年

株式会社電通「DENTSU DESIRE DESIGN、人間の消費行動に影響を与える『11の欲望』2024年版を発表」二〇二四年三月二十二日掲載（https://www.dentsu.co.jp/news/business/2024/0322-010704.html）

佐々木チワワ『「ぴえん」という病 SNS世代の消費と承認』扶桑社、二〇二一年

赤坂アカ×横槍メンゴ『推しの子』集英社、二〇二〇年

『エトセトラ VOL.8』（犬山紙子「ファンと消費」）、エトセトラブックス、二〇二二年

土井隆義『キャラ化する／される子どもたち　排除型社会における新たな人間像』岩波書店、二〇〇九年

「カツセマサヒコの終わりなき旅　独立という選択。“メディア”として生きる覚悟」キャリアハック、二〇一七年三月三十一日掲載（https://careerhack.en-japan.com/report/detail/789）

宮島未奈『成瀬は天下を取りにいく』新潮社、二〇二三年

おわりに

M.カステル、吉原直樹訳「都市社会学は存在するか」C.G.ピックバンス編、山田操・吉原直樹・鰺坂学訳『都市社会学　新しい理論的展望』恒星社厚生閣、一九八二年

速水健朗「1円まで割るZ世代の割り勘の話。新しいフードコートの話#059」TBSラジオ「速水健朗のこれはニュースではない」、二〇二四年十月二十日配信

●写真クレジット
P.117 SUKEN／PIXTA（ピクスタ）
上記以外は著者による撮影

第5章

夕張市「日本遺産『炭鉄港』」二〇二四年一月十五日掲載（https://www.city.yubari.lg.jp/soshiki/3/1113.html）

「夕張市の概要」夕張市、二〇二四年十月二十五日掲載（https://www.city.yubari.lg.jp/soshiki/2/1062.html）

髙木健一、小巻亜矢『Kawaii 経営戦略　幸福学×心理学×脳科学で市場を創造する』日経 BP 日本経済新聞出版、二〇二二年

「【山田桂一郎】ニッポンの富裕層観光ブームの落とし穴。真の『観光立国』とは」ポットラックヤエス、二〇二四年七月五日掲載（https://www.potluck-yaesu.com/magazine/20240705/2308/）

日本ソフト販売株式会社「【2023 年版】ファミリーレストランチェーンの店舗数ランキング」二〇二三年九月十一日掲載（https://www.nipponsoft.co.jp/blog/analysis/chain-familyrestaurant2023/）

三品和広、三品ゼミ『総合スーパーの興亡』東洋経済新報社、二〇一一年

自動車検査登録情報協会「自動車保有台数の推移」二〇二四年七月掲載（https://www.airia.or.jp/publish/file/hoyuudaisuusuii06.pdf）

中井彰人「数あるスーパーで「ライフ」が勝ち残った納得理由」東洋経済オンライン、二〇二二年十二月十一日掲載（https://toyokeizai.net/articles/-/638508）

窪田順生「『イトーヨーカドー』はなぜ大量閉店に追い込まれたのか　“撤退できぬ病”の可能性」ITmedia ビジネスオンライン、二〇二四年三月二十日掲載（https://www.itmedia.co.jp/business/articles/2403/20/news030.html）

谷頭和希「ヴィレヴァンが知らぬ間にマズいことになってた」東洋経済オンライン、二〇二四年一月十八日掲載（https://toyokeizai.net/articles/-/728491?display=b）

菊地敬一『ヴィレッジ・ヴァンガードで休日を』リブリオ出版、一九九七年

丹羽一臣「ヴィレッジヴァンガード、『エロ系』の本やグッズを『一斉撤去』」ニコニコニュース、二〇一一年二月八日掲載（https://news.nicovideo.jp/watch/nw29873）

永江朗『菊地君の本屋』アルメディア、二〇〇〇年

宮沢章夫、NHK「ニッポン戦後サブカルチャー史」制作班編著『ＮＨＫ　ニッポン戦後サブカルチャー史』NHK 出版、二〇一四年

第6章

週刊現代「セコすぎる『緑茶おかわり 500 円、生うに丼２万円』…《北海道ニセコバブル》地元住民が嘆く『日本人など眼中なし』の実情」マネー現代、二〇二四年七月十四日掲載（https://gendai.media/articles/-/133616?imp=0）

「外国人だらけのニセコで起こる問題、インバウンド誘致はバランスと対策がカギ」訪日ラボ、二〇一九年六月三日掲載（https://honichi.com/news/2019/06/03/nisekoxinbound/）

京極一「下方排除と上方排除によって形成される“同一性”のなかにわれわれは至福の時間を過ごす」『月刊食堂』一九九八年九月号、柴田書店

図書館友の会全国連絡会「『ツタヤ図書館』の“いま”」二〇二二年五月一日掲載（https://totomoren.net/tutayalib-now/）

日本経済新聞「スタバ併設、私語 OK『市立 TSUTAYA 図書館』の集客力」二〇一三年十月五日掲載（https://www.nikkei.com/article/DGXNZO60559110T01C13A0000000/）

株式会社ネオマーケティング「新しい商業施設に関する意識調査」二〇二四年七月二十四日掲

『月刊食堂』二〇〇一年九月号、柴田書店
関 ひらら「びっくりドンキー、朝食でもハンバーグ　ぶれない戦略でNPS首位」日経ビジネス、二〇二四年三月七日掲載（https://business.nikkei.com/atcl/gen/19/00337/030500123/）
高井尚之「『びっくりドンキー』のハンバーグ、見た目は地味でも「なぜかウマい」理由」マネー現代、二〇二一年二月二十八日掲載（https://gendai.media/articles/-/80069?page=4）
LINE株式会社「【LINEリサーチ】好きなファミリーレストランは「サイゼリヤ」「びっくりドンキー」が上位にランクイン」PRTIMES、二〇二二年六月二十日掲載（https://prtimes.jp/main/html/rd/p/000003849.000001594.html）
『NETT　North East Think Tank of Japan　北海道東北地域経済総合研究所機関誌』北海道東北地域経済総合研究所、二〇〇九年
マイボイスコム株式会社「【洋食】に関するアンケート調査（第4回）」二〇二二年五月調査、（https://www.myvoice.co.jp/biz/surveys/28605/index.html）
奥井真紀子「森岡毅氏単独インタビュー　丸亀製麺・復活の秘策」日経クロストレンド、二〇一九年八月六日掲載（https://xtrend.nikkei.com/atcl/contents/casestudy/00012/00236/）
若狭靖代「“顧客体験の最大化”をめざす丸亀製麺　顧客の生の声から見えてきた意外な問題点とその解決策とは」DCSオンライン、二〇二一年二月三日掲載（https://diamond-rm.net/management/73659/）
小野正誉『丸亀製麺はなぜNo.1になれたのか？ 非効率の極め方と正しいムダのなくし方』祥伝社、二〇一八年
谷頭和希『ドンキにはなぜペンギンがいるのか』集英社新書、二〇二二年
村田博文「PPIH創業会長・安田隆夫の『幸運の最大化、不運の最小化』論」財界オンライン、二〇二四年八月二十一日掲載（https://www.zaikai.jp/articles/detail/4197）
安田隆夫『情熱商人 ドン・キホーテ創業者の革命的小売経営論』商業界、二〇一三年
『ハンバーグレストラン びっくりドンキー 55周年記念ブック（ウォーカームック）』KADOKAWA、二〇二三年

第4章

フィリップ・コトラー、ヘルマワン・カルタジャヤ、イワン・セティアワン、恩藏直人監修、藤井清美訳『コトラーのマーケティング5.0 デジタル・テクノロジー時代の革新戦略』朝日新聞出版、二〇二二年
能登路雅子『ディズニーランドという聖地』岩波新書、一九九〇年
桂英史『東京ディズニーランドの神話学』青弓社、一九九九年
『アミューズメント産業23(2)(265)』アミューズメント産業出版、一九九四年
奥野一生『テーマパーク地域学』竹林館、二〇二二年
森岡毅『USJのジェットコースターはなぜ後ろ向きに走ったのか？』KADOKAWA、二〇一四年
加賀見俊夫『海を超える想像力―東京ディズニーリゾート誕生の物語』講談社、二〇〇三年
新井克弥『ディズニーランドの社会学　脱ディズニー化するTDR』青弓社、二〇一六年
ピンズバNEWS編集部「若者のディズニー離れが進む 10～30代の利用者は約10%減 TDR知識王が語る分岐点『大人料金が1万円を超えた時』」ピンズバNEWS、二〇二四年九月十三日掲載（https://pinzuba.news/articles/-/8158?page=1）

横山泰明「絶好調の渋谷パルコ、23年度の売上高は前年比1.5倍　直近4月も44.2%増　平松店長が語る『インバウンドと改装』」WWDJAPAN、二〇二四年五月十四日掲載（https://www.wwdjapan.com/articles/1815812）

仁科ヒロ「再開発渋谷の進化が止まらない。大人が楽しむ渋谷での暮らし」LIFE LIST好きな街・住みたい街・私の街、二〇一九年一月八日掲載、二〇二三年十二月二十八日更新（https://www.homes.co.jp/life/cl-spot/cm-new_city/1030/）

『アクロス』一九八四年四月号（PARCO出版）

北田暁大『増補　広告都市・東京　その誕生と死』ちくま学芸文庫、二〇一一年

谷頭和希「渋谷はもう『若者の街』じゃない…イケてた街が『楽しくなくなった』納得の理由」マネー現代、二〇二四年四月九日掲載（https://gendai.media/articles/-/127261）

鳴海侑「本日開業『スクランブルスクエア』は誰が行く？」東洋経済オンライン、二〇一九年十一月一日掲載（https://toyokeizai.net/articles/-/311785）

東京新聞「新大久保『コリアンタウン』に熱気再び　混雑やごみの問題も　地元は『おもてなし』模索」二〇二四年二月一日掲載（https://www.tokyo-np.co.jp/article/306574）

「主要ターミナル駅でめまぐるしい順位変動も。山手線20年間の推移から東京の変化を読む」『ザ・ニュースレンズ』日本版、二〇二三年四月二十五日掲載（https://japan.thenewslens.com/article/3738）

室橋裕和『ルポ新大久保 移民最前線都市を歩く』角川文庫、二〇二四年

第3章

『戦略経営者』2000年9月号、株式会社TKC

Alex Bitter、山口佳美編集・翻訳「フラペチーノに反対したのは『間違いだった』スターバックスの元CEOハワード・シュルツ氏が明かす」BUSINESS INSIDER JAPAN、二〇二三年九月十三日掲載（https://www.businessinsider.jp/post-274986）

小林直樹「スタバ人気は若い女性に偏り気味、江崎グリコは年配層が支持」日経クロストレンド、二〇一八年七月二日掲載（https://xtrend.nikkei.com/atcl/contents/18/00009/00004/）

Business Journal「コメダ、利益率がスタバの2倍の秘密…客単価1500円、FC店に優しい」二〇二三年九月二十五日掲載（https://biz-journal.jp/company/post_359602.html）

ジョン・ムーア、花塚恵訳『スターバックスはなぜ値下げもテレビCMもしないのに強いブランドでいられるのか？』ディスカバー・トゥエンティワン、二〇一四年

ブライアン・サイモン、宮田伊知郎訳『お望みなのは、コーヒーですか？――スターバックスからアメリカを知る』岩波書店、二〇一三年

ハワード・シュルツ、ドリー・ジョーンズ・ヤング、小幡照雄、大川修二訳『スターバックス成功物語』日経BP、一九九八年

「スタバでMacを広げてドヤ顔してる人を威嚇する方法からブランド戦略を考える」エンジニアライフ、二〇二一年七月十四日掲載（https://el.jibun.atmarkit.co.jp/horus/2021/07/mac.html）

「ドトール、若者の間で人気上昇　『スタバでドヤ顔と揶揄されるのが鬱陶しいから』」ガールズちゃんねる、二〇一七年一月十五日掲載（https://girlschannel.net/topics/1011928/）

J-CASTニュース「スタバでMacBook広げて何してる？　ネットで疑問、店内観察して分かった事実」二〇二一年十月十九日掲載（https://www.j-cast.com/trend/2021/10/19422886.html?p=all）

ハワード・シュルツ、ジョアンヌ・ゴードン、月沢李歌子訳『スターバックス再生物語』徳間書店、二〇一一年

引用・参考文献

はじめに

TBSテレビ「牛丼2000円、1泊170万円のホテル、ルイ・ヴィトンのゴンドラ…北海道ニセコでバブル現象　外国人観光客『高くないよ』」二〇二四年一月二十三日放送（https://newsdig.tbs.co.jp/articles/-/958295）

北海道ニセコ町「ニセコ町観光統計（観光入込客数調査など）」（https://www.town.niseko.lg.jp/chosei/tokei/kanko/）

第1章

高橋克英『なぜニセコだけが世界リゾートになったのか「地方創生」「観光立国」の無残な結末』講談社＋α新書、二〇二〇年

長谷政弘編集『観光学辞典』同文舘出版、一九九八年

アラン・ブライマン、能登路雅子監訳、森岡洋二訳『ディズニー化する社会』明石書店、二〇〇八年

観光庁「観光立国推進基本計画」、二〇二四年三月三十一日掲載（https://www.mlit.go.jp/kankocho/content/810001005.pdf）

安田峰俊「【現地ルポ】ここは本当に日本か!?　北海道ニセコ“外国人支配”の実態」週プレNEWS、二〇二四年三月十日掲載（https://wpb.shueisha.co.jp/news/society/2024/03/10/122510/）

第2章

鴨井里枝「“国内最大級”のホテル×エンタメ施設「東急歌舞伎町タワー」誕生　インバウンド客の“夜遊び”需要に焦点」WWDJAPAN、二〇二三年四月七日掲載（https://www.wwdjapan.com/articles/1541580）

「『インバウン丼だ』海鮮丼が1万5000円！　豊洲市場にオープンの新スポット　外国人観光客らでにぎわう」FNNプライムオンライン、二〇二四年二月一日掲載（https://www.fnn.jp/articles/-/651516）

白紙緑「【特別ルポ】ついに撤退した店舗も…オープン当初は大賑わいだった『東急歌舞伎町タワー』の悲惨な現状」FRIDAY DIGITAL、二〇二四年三月二十三日掲載（https://friday.kodansha.co.jp/article/365344）

産経新聞「生ガキ5個4千円、1泊10万円超…高額な『インバウンド価格』続々　消費額はコロナ前超え」二〇二四年三月十日掲載（https://www.sankei.com/article/20240310-ZMVCLHXGWZMTHHG5X2ZKAOIXYM/）

東京都「令和5年　国・地域別外国人旅行者行動特性調査の結果」二〇二四年六月二十一日掲載（https://www.metro.tokyo.lg.jp/tosei/hodohappyo/press/2024/06/21/13.html）

メトロアドエージェンシー「イメージから捉える東京メトロエリアの多様な顔とは ～東京の街のイメージ調査～」二〇二一年八月二十日掲載（https://www.metro-ad.co.jp/column/detail/id_294.html）

川又英紀「渋谷が高級ホテル急増で『泊まる街』に、東急陣営とインディゴやトランクが激突」日経クロステック、二〇二四年一月十五日掲載（https://xtech.nikkei.com/atcl/nxt/column/18/00110/00407/）

[著者紹介]
谷頭和希（たにがしらかずき）
都市ジャーナリスト・チェーンストア研究家。早稲田大学文化構想学部卒業、早稲田大学教育学術院国語教育専攻修士課程修了。チェーンストアやテーマパーク、都市再開発などの「現在の都市」をテーマとした取材・執筆等を精力的に行う。「いま」からのアプローチだけでなく、「むかし」も踏まえた都市の考察・批評に定評がある。現在、東洋経済オンラインや現代ビジネスなど、さまざまなメディア・雑誌にて記事・取材を手掛ける。著書に『ドンキにはなぜペンギンがいるのか』（集英社新書）など。また、講演やメディア露出も多く、メディア出演に「めざまし8」（フジテレビ）、「DayDay.」（日本テレビ）、「ABEMA Prime」（Abema TV）などがある。

装丁　小口翔平＋稲吉宏紀（tobufune）
本文デザイン　トモエキコウ（荒井雅美）
DTP　キャップス

ニセコ化《か》するニッポン
2025年1月30日　初版発行
2025年4月15日　再版発行

著　者　谷頭和希《たにがしらかずき》
発行者　山下直久
発　行　株式会社KADOKAWA
〒102-8177　東京都千代田区富士見2-13-3
電話　0570-002-301（ナビダイヤル）
印刷・製本　大日本印刷株式会社

ISBN 978-4-04-115512-7 C0030